大日本國圖行基菩薩所圖也此土形如独鈷頭仍佛法滋盛也其形如宝形故有金銀銅鐵等
珍宝五穀豊稔也　七道州六十八ケ国内嶋三郡六百四郷一万三千余
自京陸奥國際行程三千五百八十七里（六町為一里定）　自京長門西境行程一千九百七十八里（六町為一里定）
三宝出生義状之
五天竺北廣南狭形如半月　大唐國自中天竺當東北向數万里
大日本国自大唐々國當丑寅大唐國道十州三百六十八縣三千三百七十二郡五万十二市
三千三百七十二寺二万八千七十二院住戸五万口京内寺四院住僧七万口
自京東去一万一千里限彼界　南去十万二千里　西三千百八十里限海餘東山北去七万五千里

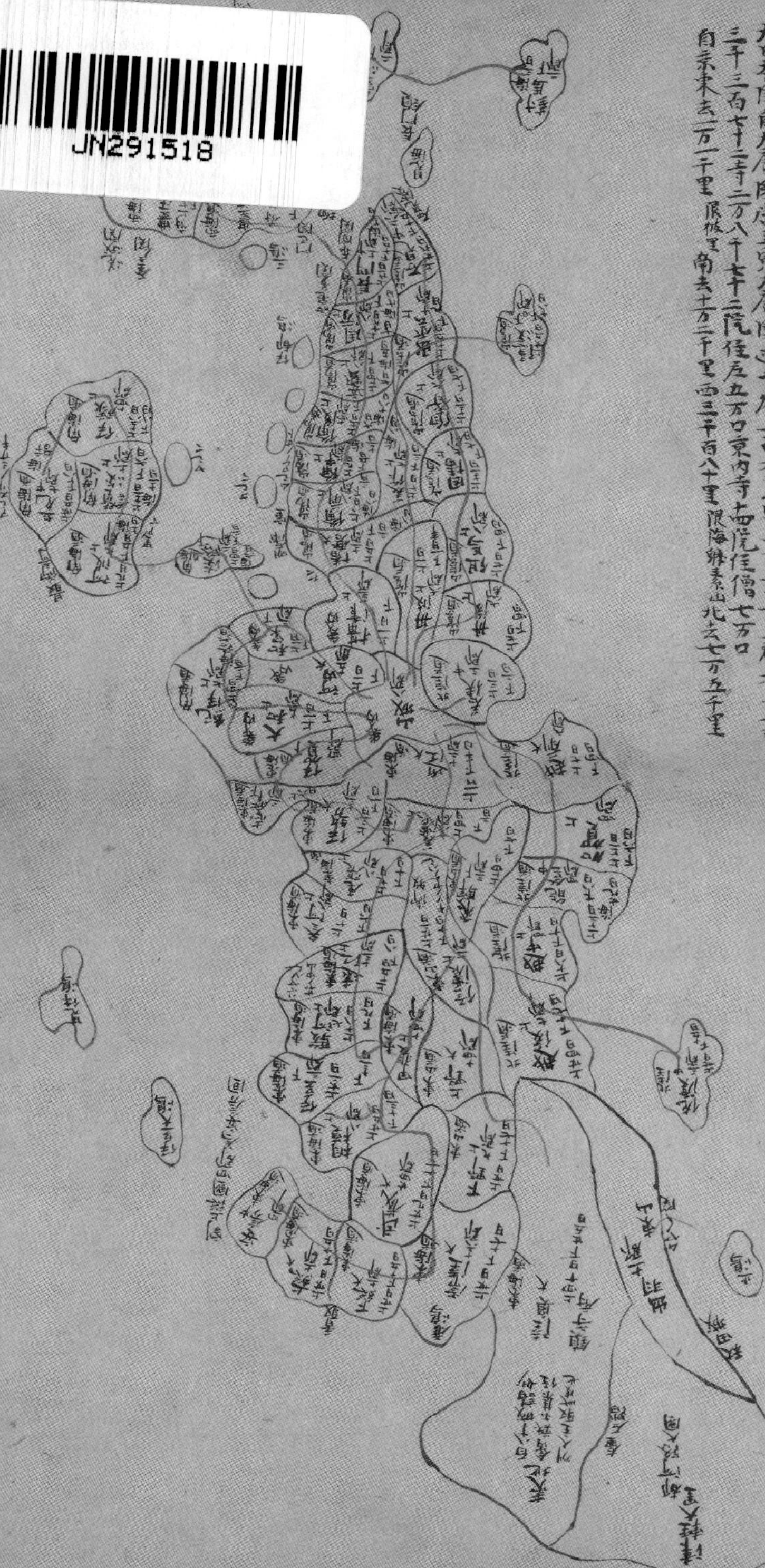

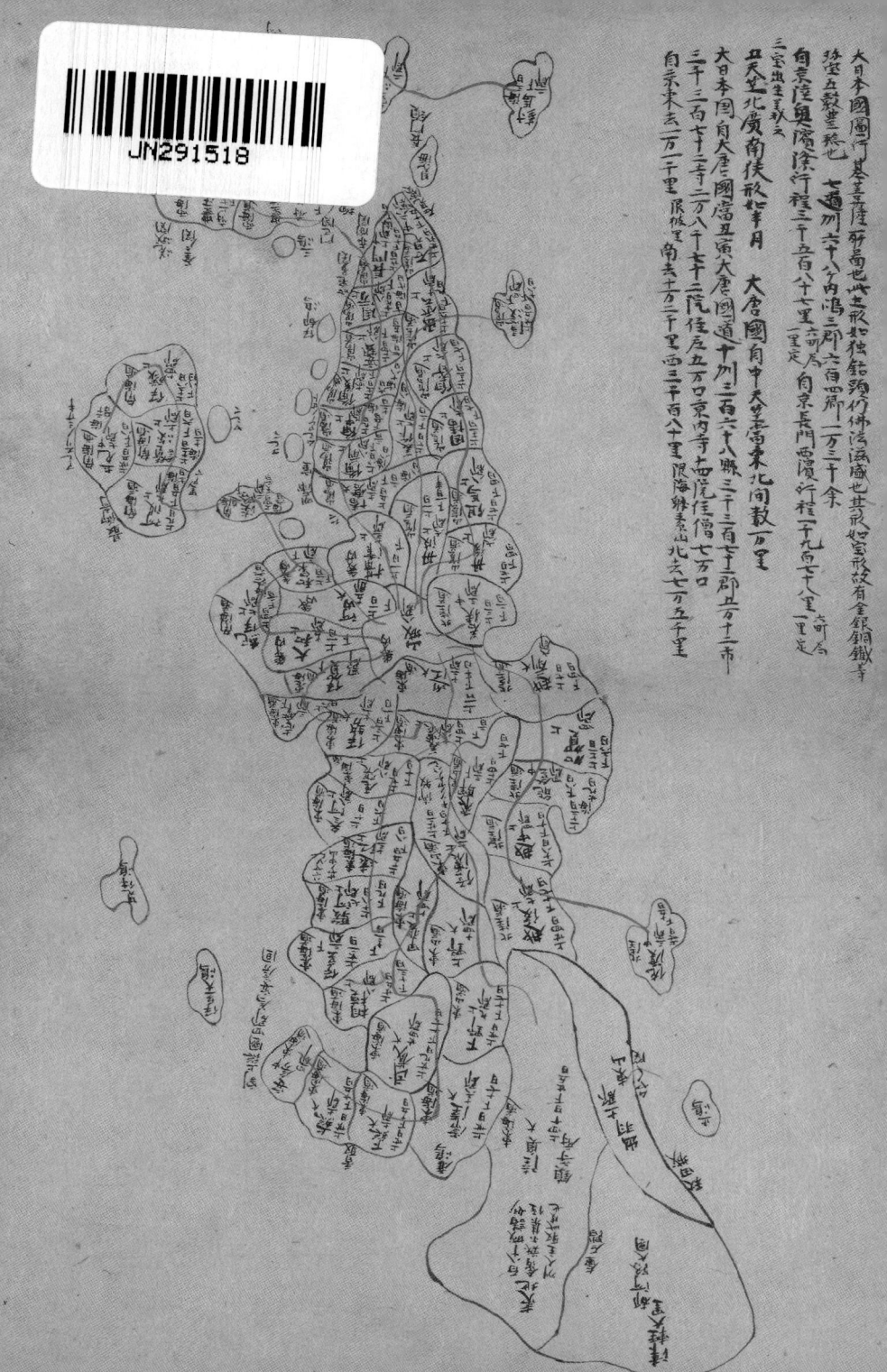

監修者――五味文彦／佐藤信／高埜利彦／宮地正人／吉田伸之

［カバー表写真］
日本周辺の衛星写真

［カバー裏写真］
日本図
（アブラハム＝オルテリウス、1595年）

［扉写真］
大日本国図
（『拾芥抄』1589年写し）

日本史リブレット 19

中世に国家はあったか

Nitta Ichirō
新田一郎

目次

本書は何を問題にするのか

問　日本中世《ちゅうせい》に「国家」はあったか？

答　あった。なぜなら、中世の東寺《とうじ》においては、「天下泰平国家安全《てんかたいへいこっかあんぜん》」の祈《き》禱《とう》▲がしばしば行われており、そこでは「国家」の存在が前提とされている。ゆえに、中世の東寺周辺の人々の意識において、「国家が存在した」ことは明らかである。Q．E．D．（証明終わり）

と、こんなふうに一巻の話をおえて筆を擱《お》くことができれば、著者としては楽なものだが、それでは冗談としての出来もはなはだよろしくない。もとより、本書の表題は、そんなことを問うているわけではなく、むしろ「そこに存在したらしいその何物かを『国家』と呼ぶことが適切かどうか」が問題になる。それ

▼東寺の祈禱　東寺（教王護国《きょうおうごこく》寺《じ》）は、平安京《へいあんきょう》南端部に羅城門《らじょうもん》を挟んで西寺《さいじ》と対にして建立され、のち空海《くうかい》にあたえられて真言道《しんごんどう》場《じょう》となった寺院。朝廷の篤《あつ》い庇護《ひご》のもとに「国家安全」の祈禱を任として担った。

ゆえ、これにまっとうに答えようとするならば、その答えはなによりもまず「国家」の定義に依存する。たとえばモデルとして近代的な「主権国家」を想定しそれにそった条件を求めるならば、中世にはそんなものは（たぶん）存在しなかった。しかし別の定義を用いれば、（たとえば冒頭のつまらぬ冗談のように）国家があった、という答えを導くことも可能だろう。では、どのような定義を用いることが適切か。実はこれがたいへんな難問である。

現代にあってすら、国家の存立条件を明確に定義づけることは容易ではなく、最終的には他の国家による承認の有無に帰着する。たとえば領土を実効的に支配し経済単位としても自立した台湾を国家と呼ぶかどうかは、台湾の構造・属性そのものの問題ではなく、他の国家が台湾を国家として承認するか否かという国際政治上の判断（の積重ね）の問題である。対照的に、国土を欠きながらも「主権」をもった存在として、いくつかの国と「外交関係」を取り結んでいるマルタ騎《き》士《し》団《だん》▲のような特異な例もあり、またパレスチナのようなさらに微妙なケースもある。「国家」と「非国家」との境界が明確に画されないままに、現にさまざまな内実をもった「国家」が、個々具体的な相互承認関係によって並存している。

▼マルタ騎士団　十一世紀に結成されたヨハネ騎士団が原型で、十六世紀にマルタ島を封土《ほうど》としてあたえられたことからこの名がある。ナポレオンによってマルタ島を追われたのちはローマに本拠を移し、現在でもいくつかの国に大使館を設置し独自のパスポートを発行するなど、「主権国家」としての属性のなにがしかを備えている、といえなくもない。

近代の国家論は、そうした現実に学知的な説明をあたえるべく、国家の存立条件を模索してきたのであった。

現実の国家の多様性を前にしてしばしばゆらぐ国家論を、それでも近代社会が必要としてきたのは、近代の国際政治が、その基幹的構成員としての主権国家に擬制的な対等性を求め、対等な主権国家間の相互関係に基礎をおいてきたからにほかならない。ヨーロッパの政治世界から生み出され、現実の政治状況との関わりあいのなかで展開されてきたそうした議論を、そのまま日本中世に拡張しようとすれば、無理を生じるのは当然である。少なくとも日本中世には、国家をめぐるこの種の議論は行われず、「国家」と「国家でないもの」とを峻別しようとする知的営為は存在しなかった。当時の人々の思考世界は「国家」の厳密な概念を必要としていなかったのであろうが、にもかかわらず、近代国家からの漠然とした類推に基づいて中世の国家を論じることが、近代にはしばしば行われてきたのである。冒頭にふれたように「国家」という語が中世日本において用いられることがあったために、話はさらにややこしいことになる。

そもそも、「国」は城壁で区画された都邑《とゆう》を、「家」は人の居所をさす字だというが、二字を組み合わせた「国家」の語は、古代中国では皇帝をさし、また皇帝を中心としてその家政にかかわる人々を含む組織とその漠然とした外延を意味して用いられた。日本でも、律令《りつりょう》用語としての「国家」は天皇を意味し、天皇の身に危害を加えようとする「謀反《むへん》」は「国家を危うくする」こととして説明され、正主に背き偽主に従う「謀叛《むほん》」は「国」に対する敵対行為として説明されるように、天皇ないしは天皇を中心に観念される朝廷《ちょうてい》が、「国家」ないし「国」の語をもって表現されたのである。「国家」を「みかど」と訓じた例も多い。

そうした由緒を引き継いで、平安《へいあん》時代の「国家」も、天皇・朝廷を中心に観念された。「国家鎮護《ちんご》」の「国家」も、「天下泰平国家安全」の祈禱の対象も、天皇・朝廷に帰着するのであり、中世の「国家」は、そこから展開してゆくことになる。九条兼実《くじょうかねざね》▲や源頼朝《みなもとのよりとも》が用いた「日本国」の語、あるいは日蓮《にちれん》▲の説く「国家」のありようにしても、常に天皇・朝廷の存在を念頭において観念され、その周辺に凝集していく傾向をもっている。中世の、少なくとも公家《くげ》社会周辺の人々にとって、「日本国」は、天皇・朝廷を中心として観念されるものであった。たとえば慈円《じえん》▲は『愚管抄《ぐかんしょう》』において「天下日本国ノ運ツキハテテ大乱ノイデキテヒシト

▼**九条兼実**　平安末～鎌倉初期の公卿《くぎょう》。藤原忠通《ふじわらのただみち》の子で九条家の祖。源頼朝の後援をえて摂関《せっかん》を歴任して公家政権の中枢を占めたが、のちに失脚。日記『玉葉《ぎょくよう》』はこの時期の、とくに政治史の基本史料の一つ。

▼**日蓮**　法華宗《ほっけしゅう》(日蓮宗)の開祖となった鎌倉時代の僧。「念仏無間《ねんぶつむげん》・禅天魔《ぜんてんま》・真言亡国《しんごんぼうこく》・律国賊《りっこくぞく》」といういわゆる「四箇格言《しかかくげん》」に代表されるように、他宗を厳しく批判し、また他国侵略の危険を主張するなどして幕府《ばくふ》から弾圧された。著書に『立正安国論《りっしょうあんこくろん》』などがある。

▼**慈円**　平安末～鎌倉初期の僧。藤原忠通の子、九条兼実の弟。兼実の孫・道家《みちいえ》の後見人として政治的にも大きな役割を果たした。その著『愚管抄』は、この時代の知識人の歴史思想を示す文献とされる。

武者《むさ》ノ世《よ》ニナリニシ也」と記しており、「武者ノ世」以前の、天皇を中心とした状況をさして、「日本国」という表現を用いている。それが、「国家」ないし「日本国」の主たる用法であった。

以上のように日本の古代・中世を概観するとき、「国家」という語で表現されうるなにものかが、たしかにそこにあった、というべきであろう。それは、天皇・朝廷を中心として観念され、社会のある部分に統合的な構造を供給する中心性をもち、「日本国」という呼称と重なるものであった。それがなんらかの形で近世へ、さらに近代の「大日本帝国」「日本国」へと連続していくものであったとすれば、かつて政治的な物議をかもした「天皇中心の国」という言説に、濫用の危険をともないつつも一定の真実が認められることになる、のかもしれない。

もちろん問題はその連続性のありようである。遅くとも十九世紀半ばにはオランダ語 staat に「国家」をあてる訳語が用いられていたようだが、その一方で、たとえば明治初年に用いられた「仮刑律《かけいりつ》」▲は律令の用語法にならい、「謀叛」の罪を定めるに際して「国家」の語を天皇の意味で用いている。この二つの用法は、当然に、また直接に結びつくというものではない。この間の懸隔が当時どのよ

▼「仮刑律」　一八六八（明治元）年、刑事法典《けいじほうてん》が未整備の段階で仮設された科刑基準。律の形式と用語を踏襲し、罪刑対応関係のカタログを示したもので、行政上の判断などを適宜繰り込んでやや柔軟に運用された。一八七〇（明治三）年、『新律綱領《しんりつこうりょう》』の制定によって運用を停止された。

うに埋められたのかも興味を惹《ひ》く問題だが、本書の主題との関連では、古代・中世と近現代のあいだにおいて、「国家」としての同一性ないし連続性がどのように措定され、現代のわれわれの国家生活とどのような関わりをもつのかが、問われなければならないだろう。

ヨーロッパにおいて、近代の「国家」の原語にあたる（英語でいえば）state の語が、現代において用いられるような意味を獲得したのは、それほど古いことではない。さきにふれたように、現代の国家は、その基本的な要素として主権・国民・領土の三つを要求されることが多いが、これらの相互関係をごく大雑把《おおざっぱ》に括《くく》ってしまえば、つぎのようになろう。「主権」とは領土内の国民に対して他から制約されることなく均《ひと》しくおよぶ至高の権力であり、「領土」とは主権のおよぶ範囲として区切られた均質な空間であり、「国民」とは主権によって捕捉される均質な構成員を意味する。この三者は、「主権」の作用を中核として、いわば循環的に関係づけられている。

このように主権の作用を中核として構成される国家は、絶対王政の形成と密着して生み出された。主権はそもそも、封建《ほうけん》制の分権的な構造を束ねて一体性

▼三十年戦争・ウェストファリア条約・神聖ローマ帝国　八〜九ページ参照。

を付与する至上の君主権として形成され、近代国際社会における主権国家の存立にモデルをあたえたのである。通俗的には、三十年戦争▲を終結させた一六四八年のウェストファリア条約▲において、絶対王政のもとで政治的統合を実現しつつあった英仏などのモデルが、神聖《しんせい》ローマ皇帝のもとに散在するドイツ領邦諸侯にも適用され、中世的な「帝国」の解体へと向けたインパクトをあたえるとともに、国際政治のアクターとしての近代主権国家と、主権国家間の相互承認体制とを生み出す端緒となった、と説明される。もっとも、ウェストファリア条約によってただちに「近代主権国家体制」が完成したわけではなく、最終的に神聖ローマ帝国▲の解体が宣言されるのは、フランス革命期のナショナリズムの勃興をうけた十九世紀初頭のことであった。その後もなお、「主権国家」の対等性は、国際政治の「組織的偽善」によって支えられるフィクションでありつづけたのであり、ウェストファリア条約の位置付け自体、後世からの回顧的解釈にほかならない。「近代国家」についての認識がさかのぼって「国家」一般の存在をはかるモノサシとして濫用されたのであり、国家が「近代的現象」と呼ばれたり、中世国家が「未完成の国家」と呼ばれたりすることがあるのは、そうした事情に一六四八年、ウェストファリア条約の締結は、三十年戦争を終結させヨーロッパ国際政治における「近代」の出発点を画した出来事とされている。皇帝権の伸長をはかる神聖《しんせい》ローマ皇帝ハプスブルク家と、それに反発する領《りょう》邦貴族《ほうきぞく》たちの対立、そこにさまざまな意図から介入を試みる周辺諸勢力、さらには宗教的対立も含めて、きわめて複雑な利害関係が絡んで断続的に戦われてきた一連の戦争に、ピリオドが打たれたのである。それは同時に、中世的な「帝国」の構造の根本的な改変をも意味した。

中世ドイツにおいては、皇帝を頂点として、諸侯《しょこう》・伯《はく》・騎士《きし》や教会など、さまざまな主体によって複雑な封《ほう》建《けん》関係が形成されていたが、中世後期には帝国諸侯の所領は世襲化され、かつ種々の特権を獲得することによって上級支配権から解放されて、「領邦」と呼ばれる独立性の強い領域的な政治単位として構成された。一方、多くの伯領や、皇帝からの勅許《ちょっきょ》によって特権を獲得した帝国都市などの比較的小規模な単位は、皇帝への帰属性の強い小領邦として位置づけられ、「帝国」はこれら種々の単位のゆるやかな連合体の形をとり、その総体に法的秩序と平和維持の枠組みを供給する仕かけとして存在することになった。世襲化された領邦君主たる地位は、家産として相続の対象となるため、外国の君主や貴族が、婚姻や相続によって世襲領を獲得し、帝国構成員の資格を得ることも可能であった。

ところで、フランスやイングランドなどでは、一定の領域を稠密《ちゅうみつ》に支配する統一的な国家の形成が、十四世紀以来徐々に進行していた(英仏の「百年戦争」はその過程で生じた、支配領域を整序しようとする動きの一環としての意味をもつ)。とくにフランスは十六世紀以降、絶対王政のもとで国内の諸勢力の自律性を削《そ》ぐことによって強力な国家主権を樹立し、王国の版図《はんと》に稠密な統治を実現しようと努めていた。これは近代国家の萌芽というべきものであり、スペインなど列強との対抗関係のなかで、集権的国家の建設が進められていたのである。これに対してドイツでは、強力な皇帝権を打ち立てようとするハプスブルク家の意図は帝国諸侯の強い反発を惹起して容易に進展せず、さらに十六世紀にはカトリックとプロテスタントの宗教的対立が絡み、諸処で断続的な紛争が繰り返されることになった。三十年戦争はその最後の段階であり、強大な帝国の成立を警戒するフランス・スウェーデンなど周辺勢力の介入もあって、多方面にわたり複雑に展開したものである。

結局、ウェストファリア条約によって、皇帝権伸長の意図は頓挫《とんざ》した。スイスやオランダなどが帝国から正式に離脱したほか、帝国内部にとどまった諸領邦国家も、帝国内外の相手と任意に条約を締結する権能を獲得し、国際政治の場においてフランスなどと同等の主権をもった存在として認められる。こうして、実際には種々の差異をはらむ実態には目をつぶり、「国家」をたがいに等しく絶対的な主権を備えたものとみなす「組織的偽善」のもとに、主権国家を主たるアクターとした近代の国際政治(戦争を含む)の前提条件が形成され、それはやがてヨーロッパ外部へも拡張されることになる。

かくして神聖ローマ帝国は大小およそ三〇〇ほどの領邦国家群に分割され、事実上の「死に体」となったが、「神聖でなく、ローマ的でなく、そもそも帝国でない」と揶《や》揄《ゆ》されつつもなお、一八〇六年に帝国の解散が公式に宣言されるまでは形式的には存続する。その、半死半生の「帝国」について、近代的なスタンダードに照らしたときに国家か否かという問いが発せられ、振り返って中世に「ドイツ国家」の存在を認めるか否か、「ドイツ史」をどのように構想すべきなのかが、繰り返し問われることになったのである。

よる。国家のモデルは近代から回顧的に語られ、そのルーツ探しの過程で、モデルの淵源《えんげん》としての「古代国家」や、ひるがえって濫喩《らんゆ》としての「中世国家」が生み出されたのであった。

この種のルーツ探しは、さまざまな危険をはらんでいる。如上の論理構成における「主権」は、国家を構成する諸構造の存立機制を遡及していったときにすべての根拠がそこに収斂する零点、として理解されるだろうが、そうした零点は、どこにでも当然に見いだされるというものではなく、そうした零点の存在こそが近代国家の特徴だ、ということになるかもしれない。誰かがもっているはずのものとしての「主権」を想定したうえで主権者探しを試みることは、近代国家の源流を求めて中世へさかのぼったとき、厳密さを求めれば求めるほど議論の焦点が見失われるという困難にゆきあたることになる。主権論を軸として説明される国家の構造は、そのそもそもの出自からして、中世に想定される封建的な構造とは鋭く対立する性質をもつ。ましてや、中世日本の「主権者」を問うとなると、譬喩《ひゆ》的に語ることはある程度は可能であるとしても、濫喩としてのその限界を見極めておく必要はある。また、たとえば、律令に皇帝・天皇の権限についての制限的規定がないことをもって、皇帝・天皇が無制約の「東洋的専制権力」をふるった、とする種の議論にも、主権論の類推的拡張が介在しているとみられるが、そうした議論の有効性の如何についても、慎重な吟味が必要である。

中世国家へと向けられた回顧的な視線は、中世人の現実認識にではなく、近代国家の自己認識に深くかかわる。現に国家がある、というところから出発して、歴史をさかのぼったところに国家の原型を求める、そこにはしばしば、現にある国家の由緒来歴を求める政治的な意味が求められ、中世国家への視線の質は近代の政治状況によって規定されることになる。たとえばイングランドでは、国家は古くからの連続性の上に存立するものとして、時代ごとに少しずつその姿を変えながらも連続した関係が、自明のものと考えられており、そこでは、中世国家への問いは、「現にある国家の祖型が、中世にはどのような姿をとっていたか」という形をとる。フランスでもおおむね同様である。これに対して、本書表題のように「中世に国家はあったか」を問うのは、ドイツにおける問題意識を継承したものだ、と指摘されることがある。近代の国家へと連続する構造の存在が自明と考えられていた英仏などとは異なり、十九世紀のドイツにおいては、統一的な構造の存在がそもそも自明ではなく、統一国家の樹立こそが現実の政治的な課題であったゆえに、その統一の由緒が歴史に求められたのだ、という。

この「ドイツ的問題意識」の根は、英仏など「主権国家」形成の先行的なモデルが、「神聖ローマ帝国」というゆるやかな括り糸のもとに存立していた帝国都市▲や領邦諸侯《りょうほうしょこう》▲などにも国際政治上のスタンダードとして適用されたことに、求められる。ウェストファリア体制において、そうした帝国構成員に対しても、条約締結など国際法上の行為能力が認められ、それがのちに振り返って「主権」として認識される。結果、「主権」という刃物でもって神聖ローマ帝国はバラバラに解体され、新しいスタンダードのもとで「ドイツ」としての同一性を再構築するための苦悶《くもん》が、一八七一年のドイツ帝国（いわゆる「第二帝国」）成立に至るまで、続くことになる。そうした「ドイツ」の自己認識にかかわる問題意識が、では振り返って神聖ローマ帝国は「国家」であったのか、という問いを生み、中世に「ドイツ国家」が存在したのかどうかを問う問題意識を生み出した。それは、眼

▼帝国都市・領邦諸侯　八〜九ページ参照。

前の政治的課題と結びついた問いだったのである。

しかし、そうだとすれば、日本でドイツ的な問題設定が用いられるのはなぜなのだろうか。本書の表題は私が思いついたものではなく、本シリーズ全体の企画のなかで定められ提示されたものだが、学界の問題関心のあり方をそれなりに反映している。「国家があったかなかったか」は、日本についても問題らしいのだ。いったいなぜだろう。素直に考えれば、日本でも英仏的な議論になりそうなものだ、いや天皇・朝廷が（その実態はさしあたりどうであれ）一貫して存在してきたことからすれば、むしろ英仏以上に、「国家」の存在の連続性・自明性を強調した議論が主流を占めそうなものだ。明治政府は天皇の「万世一系《ばんせいいっけい》」を強調し、明治国家の存立を古代以来の「国体」の一貫した連続性のうえで説明しようとしていたのだから、中世にも「国家」の存在を自明の前提として、あるいは一歩譲って、それを「国家」と呼ぶべきかどうかを措《お》くとしても、当代へと連続する「日本」というなんらかのまとまりはあった、というところから、議論が出発しそうなものではないか。

実際、近代日本の建設者たちは「国家の有無」に頭を痛めたりはしなかった。

明治国家の設計図を引く実践的な作業に関与した人々にとって、日本の国家が現に存在することは自明であり、その主要な関心は、現にある国家のしつらえを、近代的なスタンダードにあわせて整えるために、ヨーロッパ近代国家の完成モデルを歴史から切り離して参照することに向けられていた。そこではドイツ法学・国家学は、その背後にある中世国家論の深刻な含意から切り離されて輸入され、現に構築されつつあるドイツ(ないしプロイセン)の近代国家の姿が、近代化のモデルとして用いられたのである。法学の一分肢としての法制史学もまた、ドイツ法史学に方法的モデルを求め、しばしばドイツとの比較を念頭におき、ドイツ法史学の用語・概念を用いて日本法制史の叙述を試みはしたものの、現代的な問題意識を共有したわけではなく、ドイツ法史学がみずからの存在意義を賭けて近代的方法を手に法の淵源と国家の萌芽を求めて時代をさかのぼっていったような政治的実践的責務を、みずからに課すことはなかった。

ここには、明治日本の学問とドイツの学問との特異な関係が見いだされる。それは、歴史学が現実の政治世界とどのように切り結ぶか、という問題でもある。学問のもつ政治的含意を敢《あ》えて問うことをせず、政治的・実践的問題から距離をおくという姿勢は、日本の「固有法▲」とゲルマン古法▲との類似を「奇異に感ずる」と記しつつも、その含意するところをつきつめようとはしなかった中田薫の禁欲(?)に通じるかもしれない。中田によって構築された「日本法制史」という学問分野を継承した石井良助や牧健二のような二十世紀前半の大家たちにとっても、国家の存在は当然の前提であった。「中世に国家はあったか」という問いは、ドイツ法史学の方法的継承から直接また当然に導かれるものではなかったようである。

　ではなぜ、このような問いが発せられることになったのか。本書表題の問いに答えるために、われわれはまず、この問いの成り立ちについて考えてみなければならない。

▼**固有法**　外部から移入され移植された「継受法」との対比で、その社会の固有性と密着して自生的に生成された「法」をさして、「固有法」という語を用いることがある。

▼**ゲルマン古法**　ローマ法継受以前のゲルマン民族社会において用いられていた民族固有の法として想定された法。もっとも、「ゲルマン民族」という括り方自体、後世からの仮託という色彩が濃厚であり、ゲルマン古法もまた近代ドイツの「法」を論ずるモノサシとして造型されたものとみるべきなのではあろうが。

①—日本の「中世」とは何か

そもそも「中世《ちゅうせい》」とは何か。日本史に「中世」という時代区分を設定することに、どのような意味を見いだしうるのだろうか。実はこの問いは、中世に「国家」を見いだすか否か、仮に見いだすとしてどのようなものを想定するか、という問題と、きわめて密接な関わりをもつ。

日本史における「中世」

現代の日本史学が用いる「中世」という時代区分は、乱暴に括《くく》ってしまえばおよそ鎌倉《かまくら》・室町《むろまち》時代とその前後若干の時期をさしているが、厳密にいつからいつまでをさすかについては、果てしなく錯綜《さくそう》した議論が続けられている。議論の錯綜は、この「中世」という区分がそもそもヨーロッパ歴史学からの借用物であることに起因する。ヨーロッパ史の時代区分上「中世」と呼ばれているのは、大雑把《おおざっぱ》にいって西ローマ帝国▲の滅亡からルネサンス期あたりまで、すなわち西暦五世紀から十四ないし十五世紀あたりまでであり、日本史における「中世」とはズレがある。彼我《ひが》の歴史叙述に共通して用いられる「中世」という区分は、時

▼**西ローマ帝国**　ローマ帝国は三九五年に東西に分裂し、一方の東ローマ帝国はコンスタンチノープル(現イスタンブール)を首都として十五世紀まで存続したが、西ローマ帝国は四七六年に滅亡し、ゲルマン系のフランク王国をはじめとする諸勢力が分立することとなった。中世を通じ、「西ローマ帝国の復興」はヨーロッパ諸勢力にとって政治的目標とすべき理念であり続ける。前出の「神聖ローマ帝国」はその典型的な例である。

間軸上の同時性によるのではなく、年代のズレにもかかわらず両者の社会構造に類似した要素が見いだされたことによっているのである。

日本史学がこの意味での「中世」を発見したのは、二十世紀初頭のことである。石井進の表現を借りれば、「日本史における中世の発見」は「日本史におけるヨーロッパの発見」として現象した(石井、一九六九)。二十世紀初頭に『日本中世史』を著してゲルマニアとの類推のもとに日本中世社会を描写しようとした原勝郎は、(東京)帝国大学の史学科でルートヴィヒ＝リースからドイツ史学の方法を学び、京都帝国大学史学科の創設に参加して西洋史学を講じた学者である。原は、ヨーロッパとりわけドイツの歴史をモデルとして日本史の構造をとらえようとし、衰退しつつある律令《りつりょう》国家の辺境に勃興した武士たちによって担われた時代を、ローマ帝国の辺境に興起したゲルマン民族によって担われたドイツ中世に相当する、「日本中世」として描写したのであった。

ところで、原が『日本中世史』を執筆したのは、帝国大学同期でともにリースの教えを受けた国史学科卒の内田銀蔵が『日本近世史』を著したのに刺激を受けたため、ともいわれるが、内田の『日本近世史』は、原の著作に比べると、モデ

▼ルートヴィヒ＝リース　ドイツ実証主義史学の大成者の一人であるレオポルト＝フォン＝ランケの流れをくむ歴史家。いわゆる「お雇い外国人」として招聘されて帝国大学で史学科の創設に関与し、ヨーロッパ歴史学の方法を講じて、日本の近代史学の創生期において重要な役割を果たした。

ルとしてヨーロッパを参照するところがはるかに少ない。両著の性格の違いは、日本史にとって「中世」と「近世」それぞれがもつ意味の違いに対応し、そのことが「中世」の特異な位置づけを示している。そもそも、「中世」あるいは「中《なか》つ世《よ》」という表現自体は、「中期」というほどの意味で、近世にはすでに用いられており、鎌倉・室町時代に「中世」の語をあてることも、原が最初ではない。一方で内田も『日本近世史』の目録で江戸《えど》時代中葉をさして「徳川氏《とくがわし》の中世」とする表現を用いており、また『国史総論』では、大化改新《たいかのかいしん》までを「上古《じょうこ》」、平安末までを「中古《ちゅうこ》」、織豊《しょくほう》政権の成立までを「近古《きんこ》」、以降を「近世」とする時代区分を示している。巷間《こうかん》いわれているほどには「近世」の語を意識的に「中世」との対で用いていたわけではなさそうである。原の著作の重要性は、「中世」という名称を用いたことにではなく、ヨーロッパを認識モデルとした点にある。「中世」が、単なる「中ほどの時期」ではなく、「ヨーロッパ」の色合いをまとって語られたことに、大きな意味がある。

原の著作よりやや先に、ドイツに留学中であった福田徳三は、ヨーロッパ経済史と日本経済史が相同の構造をもつとして、独文で日本経済史を叙述している。福田を指導し叙述を勧めたルヨ＝ブレンターノがよせた序文に▲いわく、「予ハ常ニ彼ガ微笑ヲ湛フルニ眼光ノ炯々《けいけい》タルモノアルヲ見タリ。一日予ハ其ノ何ガ故ニ爾《し》カク笑フヤヲ問フ。彼答ヘテ曰《いわ》ク、予ガ師ヲ通ジテ欧州経済史ニ就テ聞ク所ハ、悉《ことごと》ク日本ノ歴史ト一致スレバナリ」と。またいわく「ゲニ、尚《な》ホ低度ナル発展ノ段階ニ止マレル東亜諸国民ハ吾人ノ社会ニ危険ヲ齎《もた》ラシ得ルモノニアラズ。シカモ、彼等ノ中ニ就テ今日独リ存在ノ力アリトセラル、モノハ実ニ其ノ発展ノ径路ガ恰然《あたかも》吾人ノ歴史ノ謄写ト見得ベキ日本国民ニ限レルト等シク、東亜国民ノ中ニ就テ真面目ニ吾人ト競争ヲ試ムルコトヲ得ルモノハ、経済上及ビ社会上ノ関係ニ於テ吾人ト同一ノ発展ヲ遂ゲ若《もし》クハ吾人ヲ凌駕セル国民タル日本人ニ限ルト謂《い》ハザルベカラザルナリ」と(福田、一九〇七)。この福田の著書は、マルク＝ブロックやオットー＝ヒンツェ、さらにはマックス＝ヴェーバーらの日本像に大きな影響をあたえている。ヨーロッパをモデルとして描写された日本中世像がヨーロッパの学問世界に還流し、それが封建制《ほうけんせい》の理論的な構図を経由して日本の研究者によって参照され、日本中世像を循環的に固着させてゆくことになる。原の見いだした「中世」も、こうした循環と共振し、非西欧で

▼ブレンターノの序文　福田の著作は一九〇〇(明治三十三)年にドイツ語で公刊され、〇七(同四十)年に坂西由蔵《さかにしよしぞう》による邦訳『日本経済史論』が刊行された。本文に掲げたのは、ブレンターノがドイツ語版によせた序文の邦訳。

ただ一つ封建制を体験した日本、という神話の生成に、一役買ったのである。

原・福田は、日本の歴史にヨーロッパの似姿を求め、その構図にそって日本史を解釈し、その共有された過去に、日本がいつかふたたびヨーロッパにならぶことの預言《よげん》を見いだしたのであった。ときあたかも日清《にっしん》・日露《にちろ》両戦争のはざま、欧米へのキャッチアップを追求した近代国家建設のプログラムが一巡した時期のナショナリズムの昂揚と、無関係ではあるまい。

しかしいうまでもなく、歴史のなかに読みとられた預言は必ずしも論理的ではなく、過去に同様の体験をもつからといって、同様の将来を共有する、というものではない。似たような履歴が似たような将来に結びつきやすい、という感覚は、われわれになじみのないものではないが、「似たような」の切取り方にもさまざまあり、そこに一意的な預言を聞きとることはできない、はずである。それを安易に法則視してしまうことを、カール＝ポパーは「歴史信仰▲」と呼んで厳しく批判したのであった。

ところで、歴史へと向けられたその種の視線は、「偽史《ぎし》」「超古代史」という、いささかゆがんだ形の副産物を生み出すことにもなる。「竹内文書」や『東日流外

▼歴史信仰　原語 historicism。「歴史信仰」という訳語は小河原誠による。普通は「歴史主義」と訳されているようだが、「現在」へと結果する過程の個別性・一回性を重視する、したがってhistoricismとはむしろ対抗的な立場を示すhistorismについても、「歴史主義」という言葉があてられることがあるので注意。近年は、「歴史法則主義」という訳があてられることもある。

三郡史』のように、『古事記《こじき》』『日本書紀《にほんしょき》』以前の「古史古伝《こしこでん》」と称される物語が、実際には明らかに近代になって捏造《ねつぞう》されたり、あるいは漢字伝来以前に「神代文字」が存在したと主張されたりしたのは、その代表的な事例である。日本人とユダヤ人が同祖《どうそ》であるとか、「ジンギスカンは源義経《みなもとのよしつね》也」などとする「トンデモ」な主張も、そのヴァリエーションに数えてよい。由緒の古さを誇張したり、過去の栄光や祖先の故地《こち》に仮託した由緒を捏造したり、いずれも存立のよりどころを過去の履歴に求める視線が生み出した、いわば鬼子とでもいえようか。

そうした余談はともかくとして、「日本史における中世」は、「ヨーロッパ史における中世」の似姿として「発見」され、日本の進むべき「ヨーロッパへの道」の道標として提示された。そうした似姿がうまい具合に発見されたことは、単に幸運な偶然なのか、歴史学者の恣意的な解釈によるものなのか、それとも実際にヨーロッパと日本のあいだになんらかの有意味な構造上の類似性が見いだされるのか（たとえば「古代帝国の周縁部に、その遺産を相続した中世社会が生まれる」という構図など、しばしば記述的に用いられる）、あるいは「史的唯物論《してきゆいぶつろん》」▲が説くように「世界史の基本法則」の一般性のなかに解消され説明されるべきものなの

▼**史的唯物論**　「唯物論」は、世界をもっぱらその物質的側面において認識する態度をさす。そうした世界観を歴史認識に応用したとき、歴史は経済的諸関係を動力として展開する、とする唯物論的な歴史像が描かれることになる。とりわけ、マルクス・エンゲルスらによって定式化された、生産力を主たる変数とした経済決定論・発展段階論の形をとった歴史理論をこの名で呼ぶ。

か。ヨーロッパと相同の封建制を体験したことが、ヨーロッパと相同の近代を生み出す土壌となった、という構図は、第二次世界大戦後のいわゆる「近代化論▲」に至るまで、趣向を変えつつ繰り返し提示され、説明のために、あるいはマルクス、あるいはヴェーバーが引合いに出されたりもした。それぞれの論者において封建制と近代を結ぶ論理の構図は一様ではなく、相互の議論が容易に通じあわないこともしばしばであるが、少なくとも、そうしてヨーロッパをモデルとした構図を描く際に、「中世」あるいは封建制体験に鍵《かぎ》が求められたことは、けっして偶然ではない。

▼**近代化論**　一九六〇年代に、アメリカを代表する日本史学者で駐日アメリカ大使でもあったエドウィン＝ライシャワーが、日本の近代化の歴史的前提としての封建制体験にふれて、西欧と日本の共通性を論じた際、その背後の「政治的意図」をめぐって激しい議論が起こった。

歴史意識における「中世」

「中世」という時代区分の発想そのものに、歴史へと向けられる視線の質が規定されている。「中世とは何か」というイメージを問われて困惑した学生諸君から、苦し紛れにかえってくる答えの一つに、「古代でも近代でもない、歴史上の一時代」とする類のものがある。苦し紛れとはいいながら、実はこれはかなりの程度要諦を穿《うが》った答えなのである。歴史を古代・中世・近代と分かついわゆる「三区分法」の構図の原型を求めてさかのぼるならば、われわれはやがて、つぎのような思考の様式に行き着くであろう。

そこに見いだされるのは、現にあるところの近代と、近代を認識するための鏡となる古代との、対《つい》である。世界の成り立ちのモデルを示し模範となるべき像と、そのモデルにそって構築されるべき現実の世界とのあいだの、緊張関係をともなった認識である。すなわち、古代に規範としての古典的モデルを求めて(あるいは仮託して)、近代を(再)構築しようとする営みである。そうした緊張関係にある両者を隔てることによってそれぞれに輪郭をあたえるのが中世であり、中世を超えて古代と近代とを架橋し関係づけるところに、三区分法の視線の特徴がある。失われた古代の復活を求める視線が、たとえばギリシア・ローマの「古典古代」へ向けられたときに「文芸復興(ルネサンス)」の運動が生まれ、また分裂した国家秩序の再統合を求めてローマ帝国の復活が繰り返し標榜された。近代民主主義も、「まったく新しいもの」としてではなく、古代ギリシアや共和政ローマに仮託されたモデルに拠って観念されたのであった。

古代に仮託されたモデルは、近代へと直接につながるものではない。いったん没落し喪《うしな》われた秩序を、現在へと直接に連なる具体的な時間から切り出して純化し、古典としてモデル化し、現実時間において推移してきた(あるいは現に推移しつつある)錯雑した状況に対置することによって、あらまほしき古典の再現としての近代構築の規矩《きく》が設定されることになる。ここで古代を現実時間から隔てる距離が、古典モデル形成の鍵となるのであり、そこに中世の占めるべき位置と役割がある。かつて古代としてあり、また近代において再現されるべき秩序世界の不在が、中世を特徴づける。古代帝国と近代国家のあいだを分かつ封建制によって特徴づけられる中世はまさしく、「古代でも近代でもない」、両者のあいだを切断する裂け目として措定されるのである。

それはけっして、特殊西欧的な考え方ではないし、近代に特有のものでもない。日本に例を求めれば、鎌倉後期にあらまほしき「聖代《せいだい》」として回顧された「延喜《えんぎ》・天暦《てんりゃく》」▲も、北畠親房《きたばたけちかふさ》▲にとっての「上代《じょうだい》」も、喪われたモデルを意識しその回復を求めたものであった。「明治維新《めいじいしん》」もまた、「王政復古《おうせいふっこ》」という表現が当時用いられ、英語では“Meiji Restoration”と表現されるように、かつてありながら喪われたモデルへの回帰、という意識をともなっていた。そこで掲げられ

▼**延喜・天暦**　「延喜」は醍醐《だいご》天皇、「天暦」は村上《むらかみ》天皇の代の年号。平安中期、天皇のもとに王朝が栄華を誇ったよき時代として後世から憧憬《しょうけい》をもって回顧され、ことに鎌倉後期以降、政務の模範を求めるべき「聖代」として唱えられた。

▼**北畠親房**　鎌倉末～南北朝《なんぼくちょう》期に、後醍醐《ごだいご》天皇に仕えて活躍した公卿《くぎょう》。その著『神皇正統記《じんのうしょうとうき》』において「上代」の語を、光孝《こうこう》天皇以前の、皇位継承が「正理《せいり》」にそって実現していた時代をさす語として用いている。

たモデルは、天皇を中心として構成された古代の政体ということになり、モデルと現在とを隔てる谷間に中世という位置があたえられる。こうした思考方法は、中世に対する否定的な評価をともなうものであり、モデルとしての古代と、その否定の上に立つ中世とを対比し、中世を再否定することによって古代の再生が企図される。

日本における近代国家の形成過程についてみるならば、そこで否定の対象とされたのは、「封建」であった。徳川氏のもとでの政治体制を「封建」と認識してこれを廃し、「廃藩置県《はいはんちけん》」の語が示すように「郡県《ぐんけん》」の制を建てることが、王政復古のプログラムのうちにあり、諸侯《しょこう》を封じて国を建て支配を委ねる方式から、国土を郡県に分かちそれぞれに中央から官吏《かんり》を派遣して統治せしめる方式への回帰が、企図されたのであった。ここでいう「封建」は第一には、「郡県」と対置される中国的な意味でのそれであったわけだが、明治政府にとっての古典たるべき「郡県」の制は、政治体制としてさほどの具体性をもってイメージされていたわけではなく、政治的集中の表現として用いられたにすぎない、とみるべきかもしれない。具体的には徳川氏への「大政委任」以前に返るのか、十二世紀末の鎌倉幕府成立以前なのか、もっとさかのぼって藤原摂関《せっかん》政治以前の天皇親政《しんせい》体制か、それともさらに古く大化前代、あるいは「神武創業《じんむそうぎょう》」にまでさかのぼるのか、モデルとなるべき古典が明確な像を結ばないままに、国家設計の具体的なモデルは西欧近代に求められることになる。「封建」とfeudalism（フューダリズム）との分権的な形態の類似から、つとにヨーロッパの側でも徳川政治体制をfeudalな構造として記述することが行われていたこともあり、feudalismに「封建制」の訳語があてられ、「封建制の否定」は、ヨーロッパ近代国家の生成過程における「feudalismから主権国家へ」のプログラムと重ねあわされることになった。こうして近代に先行する時代が「封建」と特徴づけられたことが日欧比較論にあたえた影響について、詳細に論じる準備はないが、ヨーロッパを鏡とした歴史認識を成立させる、一つの契機となったであろうことは想像にかたくない。

しかし、そのようにして日本がヨーロッパ的近代をめざしたとき、そのモデルとなる古代は、日本の歴史上には発見されえない。古典としての古代を欠いた日本が、にもかかわらず近代へと到達するプロセスを、どのように認識するのか。そこでは三区分論本来の構造が改編され、歴史に（古典への回帰ではなく）

一定の方向性を見いだそうとする社会進化論的な論調と結託しつつ、前近代と近代との対抗関係、前者から後者への発展の図式として組みかえられることになる。この図式においては、克服すべき対象として否定的にとらえ、否定・断絶のプロセスにこそ鍵を見いだすにせよ、そのなかに近代の萌芽をみることによってむしろ連続的・肯定的にとらえるにせよ、封建制にこそ、ヨーロッパ的近代へ至る発展の図式のなかでの鍵となる位置があたえられる。そうして近代の前段階としての「封建制＝feudalism」の位置づけを問題にするならば、ヨーロッパのfeudalismの日本史における等価物が、近代に直接先行した徳川の時代にではなく、さらに前代に見いだされたことの意味が、あらためて問われることになる。加えて古代との関わりをも踏まえてみたとき、日本の中世をめぐっては、さらに複雑な構図が描かれることになるであろう。

ふたたび日本史における「中世」

日本の「古代」は、中国の強い影響のもと、律令を継受することによって形成され、モデルとしての中国との緊張をはらんだ関係において展開した。そうした認識のゆえもあろう、「古代」にではなく「中世」にこそ「日本的なもの」のエッセンスを見いだそうとする論調を、史学史上にしばしば見いだす。いうなれば、日本は、外在的な古代との対抗関係において、みずからを中世として成型した、ということにもなろうか。

日本の古代は自生的なものではなく、外部からの触発を受けて、在来の層に外来の層が重なることによって、層をなして形成されたのだ、とする解釈に立ち、外来の層に覆い隠されつつもその基底をなした在来の層を、丸山真男は「古層」と表現した（丸山、一九七二）。丸山の議論と呼応する形で石母田正は、古代以前の日本固有の層を想定したうえで、中国からの律令制の移入によって形づくられた古代の層が、日本固有の原型（古層）を覆い隠し、中国的国家体制、君主専制の体制として日本社会に君臨した、とする図式を描いている（石母田、一九七二・七三）。中国から継承された舶来の古代によっていったんは覆い隠された原型（古層）が、中世には「中国的なものはほとんど法律の面からは消滅してしまう」ことによって再隆起し、「日本固有のものが前面に出てくる」という石母田の認識。そうした「中国的なもの」の否定と結びついた「古層の隆起」が、一方で近代をめざす「突破」の契機を内包していた、という、外来の古代を排し、中世と近代とを順接的に関係づけることが、石母田の議論を特徴づけている(水林、二〇〇二)。

石母田はつぎのように述べる。「法が制定法の法文解釈の中に存在せず、生命ある現実の生活関係のなかに、武家のならい民間の法のなかに存在することを認識したということは、如何に大きな思想の転回であったろうか。この転回にこそ中世がある」(石母田、一九四六)と。ここで見いだされた中世への転回こそは、中国の古代律令国家から継受された制定法によって覆い隠された「生命ある現実の生活関係」の復活、古代に覆い隠された古層の再隆起を意味している。戦後の日本中世史学に決定的な影響をあたえた石母田の名著『中世的世界の形成』は、古代との対抗関係をたたかうことによって「形成」への道を模索した中世の姿を、主題にすえている。それは、「中国的なもの」から脱却し、日本社会がその古層においてもっていた可能性をふたたび閃《ひらめ》かせたことへの、讃歌にほかならない。石母田にとっての古代の克服は、そのさらに基層にある日本社会の原像としての古層の復活と、不可分のものだったのである。

丸山・石母田の構想によせて、水林彪が「原型(古層)に根ざしながら原型(古層)を突破するような契機を持ち始めている」中世(水林、二〇〇二)、というとき、原型(古層)は相異なる(あるいはむしろ対抗的な)二つの意味に用いられている。日本固有の原型を覆い隠す古代とは、石母田においては、古層を覆い隠す中国の表象としての意味を付与されていたのであった。

しかし、そうして「形成」への道をたどった中世は、「敗北と蹉跌《さてつ》の歴史」を重ねた末、ついに古代を克服しきれぬままに、近世の成立によって頓挫《とんざ》の憂《う》き目をみる。さきに引用した石母田の、古代から中世への「巨大な転回」を称揚した言葉にふれて、水林は「しかるにここ近世においてはふたたび、法は道理という生きた生活関係をこえた権力の意思のなかにのみ存在するとされたのである。それはまたなんと巨大な思想の転回であったろうか」と述べている(水林、一九七八)。ここには、日本の古層から連なる中世と、そこに繰り返し覆いかぶさり抑圧しようとする古代ないし近世との、厳しい対抗関係が想定されている。古層の否定としての古代、その否定としての中世、そしてさらにその否定としての近世。否定が重ねられて時代が転回してゆく石母田・水林の構図において、重要な意味をもつのは、専制的権力とそれに抗《あらが》う人々との対抗関係であり、専制の克服と「生きた法」の獲得へと向けて、近代における課題と連接したものとして提示された。そこでは、古代の専制的権力の没落をみた中世にこそ、近代の規範的モデルが、未完の可能性として想定されていたのである。

こうした構図において、中国から継受された律令に基礎をおく古代国家は「中国的なもの」として、そこからの離脱は中国的古代からの離脱として、想定される。中国の影響下から脱して形成の途についた中世には「在来固有の古層の再浮上」という位置づけがあたえられ、しかもヨーロッパ中世のfeudalismをモデルとした「封建制」として構想されている。中国的古代からヨーロッパ的中世への移行が、「日本本来の像への回帰」として認識される。それは、二十世紀初頭のナショナリズムを背景とした原・福田の構想と呼応する。日本史上に発見された中世は、「ヨーロッパの萌芽とその頓挫」だったのである。

ここでは近代は、中世の直接の否定・克服としてではなく、いったん中世を否定して形成された近世の再否定として、措定される。中国的＝非ヨーロッパ的古代からヨーロッパ的中世を経て非ヨーロッパ的近世へと、否定・克服を繰り返して転回された歴史は、最後にもう一つの否定を積み重ねることによって、ヨーロッパ的近代へと帰着する。三区分法を借りて構成されたはずの日本史の時代区分は、こうして「四区分法」として再編成されることになる。他方では、ヨーロッパにモデルを求めることを拒否し、日本史の特殊固有性を強調する立場から、古代の「国体」に規範性を認め、中世に「国体の紊乱《びんらん》」を見いだす論調も存在したが、いずれにせよ中世は古代の否定として措定されたにはちがいない。

ならば、「中世国家」もまた、「古代国家」の否定形として理解されるのであろうか。

②中世国家論の諸相

古い物語——武士と民衆の物語

あらまほしきヨーロッパ近代の源流を求めることによって、近代における日本中世論《ちゅうせいろん》は、さしあたり中世ヨーロッパ、なかんずくドイツをモデルとして構想された。中田薫が日欧中世の法制に「不思議なる一致」を「発見」した（中田、一九〇六a・b）のはその一環であったし、三浦周行が「日本人に法治国民の素質ありや」と問うて鎌倉幕府《かまくらばくふ》の裁判制度▲にその可能性を見いだした（三浦、一九一九）のもそうである。いずれも、ヨーロッパ中世を特徴づける封建《ほうけん》関係の等価物を、鎌倉幕府と御家人《ごけにん》武士たちとの主従関係▲に見いだし、封建的な構造をもって日本中世の社会を特徴づけようとしたのであった。この時代になお存在した朝廷《ちょうてい》を、時代遅れの古代的要素として棚上げすることによって、鎌倉幕府と御家人武士との関係を中世の基幹的な構造ととらえ、ヨーロッパ中世の封建制との類似を見いだす。そこに、中世国家論の出発点があった。

ヨーロッパ的封建制の似姿としての中世武家政権は、原勝郎の「健全なる刷

▼**鎌倉幕府の裁判制度**　鎌倉幕府の裁判は、「法と道理」に規律されたヨーロッパ的ないし近代的な「裁判」像を投影することが可能かに思える、それなりに合理的な装いをもっている。訴論人《そろんにん》（原被告）の主張交換や対論の手続、証文・証人など証拠の扱いなどなど、「日本法史上の稀有な達成」と評価されることもある。

▼**鎌倉武士の主従関係**　将軍から給与される「御恩《ごおん》」と、御家人がつとめるべき「奉公《ほうこう》」とに媒介された主従関係は、しばしば、ヨーロッパ中世における受封と奉仕の交換契約に基づく双務的な主従関係に準《なぞら》えられる。

新」論を受け継いで、古代国家の外部に生じた異質な構造として、議論の俎上に乗せられた。中田も、中世に代表される「我固有法」が「欧洲フランク時代▲の法制」と不思議なほどに酷似している、と述べるにあたって、対照的にローマ法との類似は少ない、という点をあわせて指摘している(中田、一九〇六b)が、「ローマではなくフランク」に見いだされたその類似性には、古代からの脱却というモティーフと、なにがしか響きあうものがあるのかもしれない。史的唯物論《してきゆいぶつろん》を方法的基礎として掲げた石母田正もまた、専制権力をふるう支配階級の悪しき意思、そのための装置としての(古代)国家、それに抵抗する階級闘争の担い手としての新興武士、といった道具立てを用いて、武士たちによって創造されてゆく中世の可能性を、古代からの脱却、歴史の一歩前進として語ろうとしている。

こうして、古代から切断された独自の存在としての武士たちに中世を代表させることによって、そこに「中世における国家」をめぐる問いが胚胎《はいたい》されることになる。古代国家を否定してその外部にあらためて独自に構築された政治権力の運動に中世を見いだそうとするとき、そこに独自の国家の存在を認めるか否

▼欧洲フランク時代　「フランク」はゲルマン系のいくつかの部族にローマがあたえた呼称。西ローマ帝国の滅亡後、フランク王国を建てて現在のドイツ・フランス・イタリアに版図《はんと》を広げるが、やがて三つの王国に分裂する。中田のいう「フランク時代」は、およそ初期中世に相当するものと理解してよいと思われる。

かが、問われることになる。かくして中世国家論は、古代国家へのアンチテーゼを求めて、「武士」を、また「武家《ぶけ》政権」としての「鎌倉幕府」を、どう解釈するか、ということを中心的な主題として、出発したのであった。

しかし実際のところ、中世は古代に対して独自なものだったのだろうか？　中世は古代を克服しえたのか？　中世の政治体制を「武家政権」をもって代表させてよいのかどうかも問題であるし、そもそも「武家政権」が中世的存在として古代的な朝廷と峻別されるべきものなのかどうかも、実はおおいに問題なのである。

実際、「武家政権」は、必ずしも「武士の政権」というわけでもない。「武士」という語は本来、「文をもって主君に仕える士」としての「文士」と対《つい》になり、「武をもって主君に仕える士」というほどの意味をもつ。一方の「武家」は、「武」を家業とする「家」であり、武士たちを束ねてその職能たる「武」に従事させることを、その役割とした。武装した戦闘者を「武士」としてカテゴライズし武家に従わしめる、という発想にすでに、社会的な分業構造のなかでの役割分化・専門化の兆しがみてとれるのであって、武士たちの行動を秩序の枠内におさめることこそが、武家に期待された役割であった。

そこで念頭におかれた「秩序」とても、武士たちの独自のものであるとはいいがたい。「御成敗式目《ごせいばいしきもく》」▲について述べた「北条泰時書状《ほうじょうやすときしょじょう》」▲中の「武家のならひ民間の法」というフレーズは、「御成敗式目」が武士社会・民衆社会の慣習法▲に根ざしたものであり律令法《りつりょうほう》とのあいだに一線を画した独自性をもつものであることを示す、象徴的なフレーズとして、しばしば言及されてきたが、この一節は実は（前後を補って読めば明らかなように）、律令について人々が知らないという、その「律令を知らない」ということが、武家に従う人々や世間の人々のありようである、ということを述べている。そうした「律令を知らない」状態で世をすごしている連中のために、既存の秩序の成り立ちを噛《か》みくだいて示すことが、「御成敗式目」制定の主旨である、ということを、この「書状」は述べているのであった。「御成敗式目」に代表される「武家法」は、武士自身が生み出した「武士の法」ではなく、武士を規律する役割を負った武家が、武士たちの放埒《ほうらつ》な振舞いを既存の秩序モデルに適合させるためにおいた「法」であった。こうしてみると、武家と武士はむしろ対抗的な関係にも立つ、のかもしれない。武士たちが、彼

▼**「御成敗式目」**　諸事の成敗に臨む鎌倉幕府執政者の方針を、都合五一カ条にわたって示したテクスト。しばしば「武家政治の基本法典」と称される。

▼**「北条泰時書状」**　「御成敗式目」制定時の執権《しっけん》として幕政《ばくせい》の実質的な責任者であった泰時は、六波羅《ろくはら》にあった弟の重時《しげとき》にあてて、制定の趣意を述べた二通の書状を送っている。次ページ図版参照。

▼**慣習法**　「制定法」ないし「国家法」との対比において用いられる語で、ある社会において慣習として実践されている法をさす。ここでは、律令国家によって制定された律令法との対比において、「武士社会・民衆社会」における独自の法実践を想定して用いられている。

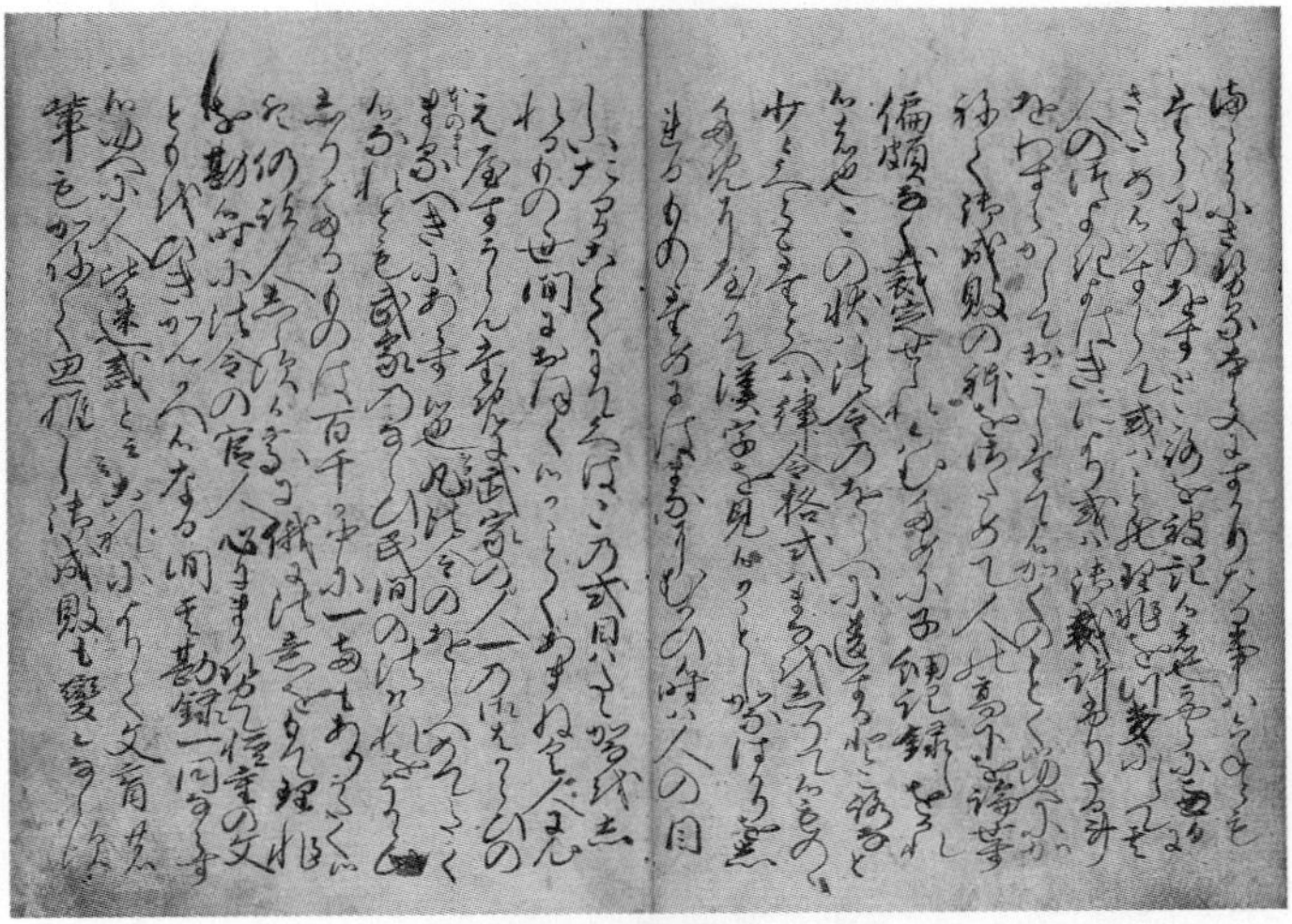

●──貞永元年九月十一日付北条泰時書状　左頁４行目半ばから６行目末にかけて，「凡《およそ》法令のおしへめてたく候なれとも武家のならひ民間の法それをうかゝひしりたるものは百千か中に一両もありかたく候歟」とある。大意をとると，「律令の教えは尊いものだが，武家の人々のありかた，一般の人々のありかたとしては，それ(律令)について窺い知っている者など，百人千人のうち一人二人もいないのではないか」となる。

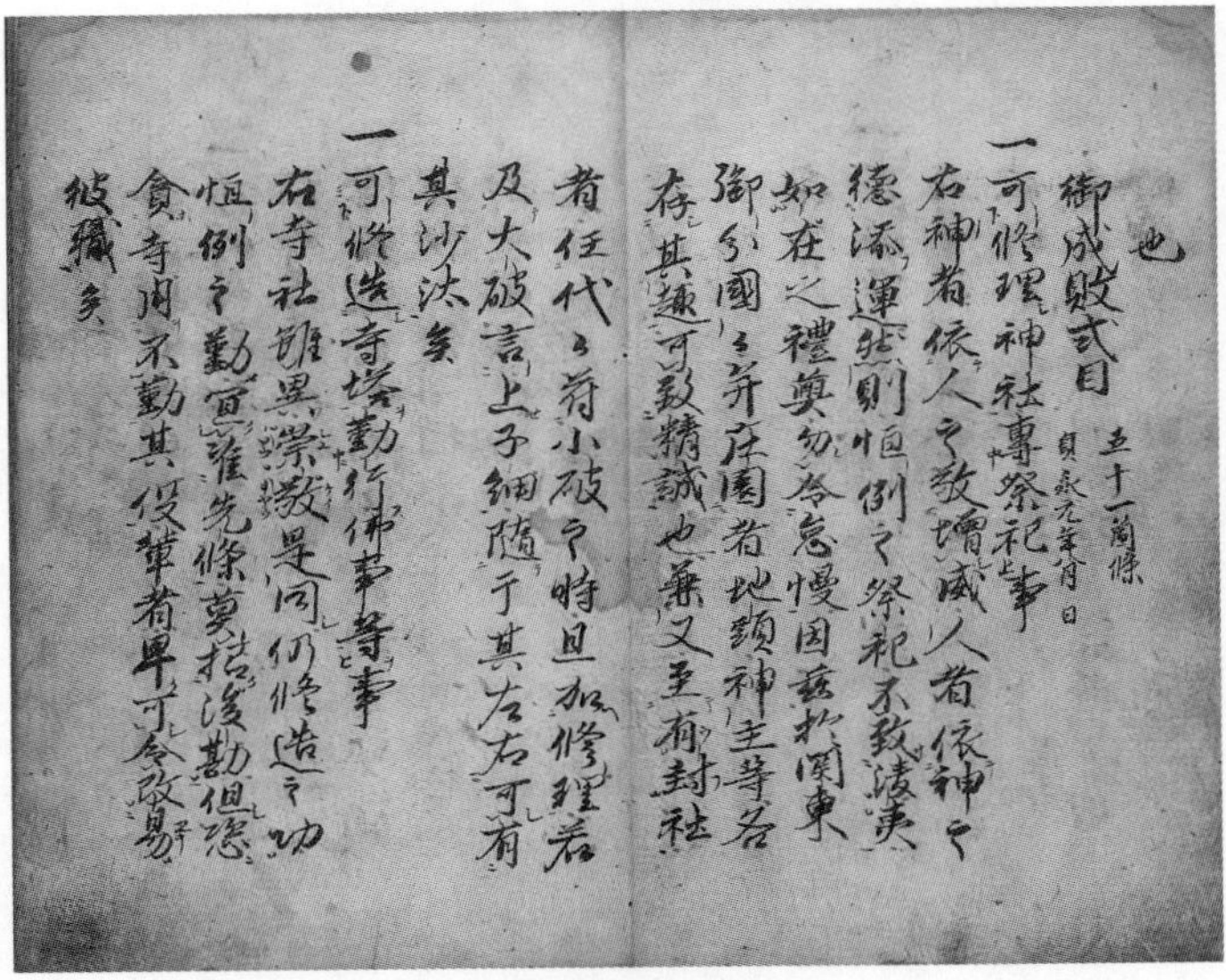

●──「御成敗式目」(第１条・第２条の部分)

ら独自の時代を開く独自の国家を形成しえたのかどうかは、実は相当にあやしいのである。

そうした疑点にもかかわらず中世を「武士の時代」として表象することの背景の一方には、「頼朝《よりとも》の天下草創《てんかそうそう》」をめぐる物語がある。『吾妻鏡《あづまかがみ》』▲が語った武家の濫觴《らんしょう》の物語を引き継いで、たとえば近世の新井白石《あらいはくせき》▲なども、徳川《とくがわ》に至る武家勃興の歴史を、「王朝《おうちょう》」から「武朝《ぶちょう》」への交替として描写し、そのそもそもの由緒を源《みなもと》頼朝に求めた。頼朝の事績が、それ以前とは一線を画する新しい時代の幕開けを告げたものであるという、そうした図式は、古代の否定としての中世を求める、近代の視線にも合致する。

さらに石母田においては、中央から距離をもった辺境の地に、「上」からの専制を打破しようとたたかう「下」からの運動が勃興し、それが武士と民衆との連携のもとに新しい時代として結実するという夢が、語られてもいる。さきにふれた「武家のならひ民間の法」というフレーズについて、石母田はその本来の意味を承知のうえでなお、中世法に「武士の法」「人々の法」としての性格を読み込む恣意《しい》的な読替えを、あえてしてさえいるのである(石母田、一九四六)。石母

▼**『吾妻鏡』**　鎌倉幕府が編纂した史書。十三世紀末以降、おそらくは十四世紀初頭に編纂されたものと思しい。

▼**新井白石**　江戸《えど》時代中期の儒《じゅ》者《しゃ》・政治家。徳川家宣《いえのぶ》・家継《いえつぐ》に仕えて「正徳《しょうとく》の治《ち》」と呼ばれる幕政改革を主導した。政権を離れてから朱子学《しゅしがく》を根幹にすえた歴史叙述などの著述に専念し、『読史余論《とくしよろん》』など著書多数。

田の名著『中世的世界の形成』は、古代の支配に抵抗して中世を形成しようとする人々の姿を、「伊賀国黒田庄《いがのくにくろだのしょう》」という一荘園《しょうえん》を舞台として描き、彼らに新時代の担い手としての役割をあたえたのであった。

しかしすでに若干ふれたように、そこでは古代は幾度も執拗に蘇生し、中世は「敗北と蹉跌《さてつ》の歴史」を繰り返す。石母田は、朝廷や大寺社によって代表される勢力を「古代の残存」とみるわけだが、しかしそれゆえに「中世的世界」の「形成」をめぐる謎が残ることになる。日本において、「敗北と蹉跌」を繰り返した中世はどのようにして「形成」されたのか？　強固な復活を繰り返す古代は、いかにして克服されたのか、いやそもそも克服されえたのか？　そのアポリアから、中世国家論の新しい物語が始まることになる。

朝廷の見直しと議論の錯綜

史的唯物論の立場をとる歴史家のうちに、中世の朝廷の役割・比重をことさらに小さく評価しようとする意識があったのかどうかは定かではないが、天皇は古代の遺制であり中世にとって本質的な要素ではない、という先入見にはながく根強いものがあったようで、中世の天皇・朝廷についての研究は、武家についてのそれに比べると、久しく立ち遅れた状態にあった。しかし、天皇・朝廷を「古代の遺制」とし、中世・近世におけるその「衰微」を強調してきたがゆえに、「にもかかわらずなぜ存続したのか」という問いに、歴史家は苦しんできたのではなかったか。虚心にみるならば、「武士の時代」にもかかわらず朝廷は依然として存在している、そこには古代が明確に否定されきらない事情があったにちがいない。

「古代の否定」の不在？　だとすればそれは中世の不在というべきなのではないか？　実はそうした主張もちゃんとあるのであって、石田一良は「日本に中世はなかった」と主張し(石田、一九六八)、石井進もそれに一定の理解と共感を示している(石井ほか、一九八二)。あるいはそこまでゆかずとも、ヨーロッパ的構図へのあてはめや、それに基づく歴史の切断に疑いを投げかける論者はけっして少なくない。日本における律令制は、形式的には大日本帝国憲法▲の成立まで存続した、とする見方が示されることもあり、抽象化された西欧の鏡に映すのではなく日本という特定の場に即した固有一回的な歴史の個別具体性をつか

▼**大日本帝国憲法**　一八八九(明治二十二)年に制定発布され翌年発効した欽定《きんてい》憲法。主としてプロイセン憲法に範をとったこの憲法によって、ヨーロッパをモデルとした近代日本の国制の骨格が定められることとなった。第二次世界大戦後に全面改正の手続を経て、一九四六(昭和二十一)年に日本国憲法として公布、翌年施行された。

▼**特殊主義的アプローチと普遍主義的アプローチ**　近代における日本(中世)史研究の二つの代表的な旋律を表現するために石井進が提唱した対概念。両者の差異は、日本史の固有性と人類社会の歴史としての普遍性のいずれを歴史像の根幹におくか、にある。もっとも、後者において想定される「普遍」が、実はヨーロッパ的歴史像にほかならない点には、注意すべきである。

みとろうとする、石井進のいう「特殊主義的アプローチ▲」の流れにそって、日本史にあらわれる持続的な要素を重視する見方は、ヨーロッパ的構図を重視する「普遍主義的アプローチ▲」との対抗的な位置を保ちつつ、一貫して存在してきた(石井、一九七六)。また、ヨーロッパ史から得られた理論的道具立てを、日本史の特殊事情と折衷して用いようとする試みもなされ、天皇・朝廷の存在と、頼朝を頂点とした封建的主従関係とを擦《す》りあわせるために、朝廷からの「授権」による「委任封建制」などといった道具が用いられることもあった。

そうした流れを受ける形で提起された、黒田俊雄のいわゆる「権門体制論《けんもんたいせいろん》▲」(黒田、一九六三)は、その成り立ちにおいて、たいへん素直な発想をもっている。「中世」と呼ばれるこの社会において、もろもろの価値を映しだす鏡としての、天皇を頂点とした秩序構造は、なんら否定されることなく存立し、ほかにそれに対抗しうるものなどなかったではないか。国郡制《こくぐんせい》にせよ令制官位《りょうせいかんい》にせよ、中世社会には統合的な契機が用意されていたではないか。いわゆる「職の体系▲」にしても、その存立根拠をさかのぼれば、最終的には天皇に掌握された国政大権に帰着する以外にはないではないか。武家とてもそうした道具立てと無関係

▼**権門体制論**　黒田俊雄が提唱した、日本中世の国家構造を説明する理論的枠組み。中世を武家政権による公家政権の克服の過程とする理解を批判し、国王たる天皇のもと、「公家」「武家」「寺家《じけ》」の諸権門が相互補完的な役割を担い国家の機能を分掌していた、とする。

▼**職の体系**　中世における「職」とは、職務と得分《とくぶん》とをセットにした観念。職は本所による補任の手続によって設定され、進止《しんし》の権能によって規律される。本所はその地位の保証を求めてより上位の権門のもとに連なることがあり、そうした補任《ぶにん》・進止ないし保証の権能が連鎖をなして「国家的」秩序を構成した、と想定する研究者は、これを「職の体系」と呼ぶことがある。

▼「法」「裁判」の不統一　中世日本の「法」について、「公家法」「武家法」「本所法」の別が建てられることが多いが、個別的な場や関係性に固着してより細分化された構造を考えるべきかもしれない。それぞれの「法」領域に応じて、「裁判」の機能も個別化・細分化されていたと考えられる。

に存立したわけではないのであって、一つのそれなりに一貫した構造の内部で、武家についても説明があたえられるではないか。ならばそこに、天皇を国制上の頂点とした一個の「国家」が存在した、と考えることに、なんの問題があろう。それは、われわれの「常識的感覚」にかなうものではなかろうか、と黒田は説く。

天皇を頂点とした統合的な一個の構造が厳として存在する、というところから議論を出発すべきだ、とする黒田の問題提起は、たしかに重要な点を衝《つ》いている。公家《くげ》と武家との関係を、古代対中世というごとき対抗的な関係としてではなく、それぞれが「権門」(有力な家門)としてそれぞれの役割を共時的に分掌している協働的な関係として把握するとき、両者を含む社会関係を一つの構造として記述し説明しようとするのは、(それを「国家」と呼ぶべきかどうかはさておくとして)たしかに理にかなっているように思われる。

爾来、中世国家をめぐっては、華々しい論争史、という表現があたるかどうかはともかく、種々多様な見解が示され、議論がたたかわされてきた。なかでも石井進は、黒田の学説によせて、はじめに「国家ありき」から出発することの危険性に注意を喚起し、これとは対抗的関係に立つ別の「常識」として、高柳光寿の「中世無国家時代」という把握（高柳、一九四七―四八）を例示し、それに一定の共感を表明している（石井、一九六四）。高柳の把握は、律令に示されたプログラムは「かくあらまほし」という願望の表明ではあっても必ずしも現実を映しだしていない、とする「律令国家虚構論」とも通じ、中世にもいまだ統一国家は存在せず、そこに見いだされるのは、やがて近世国家となるべき一つの構造物が練り上げられてゆくプロセスである、とするものである。この把握はたしかに、黒田説の出発点と厳しく対立するかのようにみえる。

黒田の指摘するように統合的記述を可能とする要素をたしかにもつ中世社会だが、そこに分裂的傾向を示す諸要素を見いだすことも、また困難なことではない。もっとも顕著な傾向として、石井は「法」「裁判」の不統一▲を指摘しており、また自力救済の横行▲やアジールの存在▲、量制の不統一▲なども指摘されるところである（石井、一九七六）。中世人たちの日常生活においては、身の回りの具体的関係を超えた大域的構造の占める意味は大きなものではなく、個別的関係に固着した局所的構造が、きわめて重要な意味をもっていた。統合的な構造を仮に「国家」と呼ぶとしても、それは中世人たちが自他の振舞いを規律し調整する

▼自力救済の横行　公家にせよ武家にせよ、私的な実力行使による権利実現（すなわち自力救済）を正則な手段として認めていないが、にもかかわらず中世社会に自力救済は横行していた、と考えられている。これは、「法」「裁判」の不統一の一局面である。

▼アジールの存在　「避難所」の意味だが、しばしば、俗権の介入が排除された聖域を意味して用いられる。日本中世史の分野では、寺院や市場などに「アジール」としての機能をみいだし、これが「国家権力」と対抗的な（場合によっては補完的な）機能をもった、とする見解がある。八八～八九ページ参照。

▼量制の不統一　中世荘園においては、年貢《ねんぐ》などの秤量《しょうりょう》単位が必ずしも統一されず、ローカルな量制相互の換算が問題になることがあった。

うえで、頼り甲斐のあるものではない。中世の「法」は個別具体的関係に即して、ローカルな実践として観察されるのであり、現代人が(国家権力を忌み嫌う人々でさえもが、とりわけみずからの権利を主張するに際しては)あたかも当然のように期待する「国家」の制度的保護を、アテにはできないところに、中世の社会生活の特質がある。石井が指摘するように、そうしたことがらもたしかに一方の「常識」なのである。

「常識と常識が相対立したとき、それを裁きうるものは何か」と石井は問う。しかし、高柳説への理解と共感を示したことをもって、石井を、一方の「常識」に荷担する「中世無国家論」者に分類するならば、それは単純にすぎる。石井は、「国家」という概念を不用意に持ち込むことによって近代の「国家」イメージが浸入してしまいかねないことに注意を喚起し、いずれにせよ「常識」に依存した議論の貧困さを指摘したのであって、その批判は「国家」概念の濫用に向けられている。石井自身、その初期の研究で一貫して、鎌倉幕府が国衙《こくが》機構▲をリソースとして継承し利用したことを主題として取り上げ、鎌倉幕府が継承した律令国家の遺産の重要性を説いている。のちに石井自身、そうした仕事がやや一面的

▼**国衙機構**　令制「国」の政庁《せいちょう》である国衙は、平安時代を通じて内部構造を変化させながらも、祭祀《さいし》への関与や、田図《でんず》・田文《たぶみ》の作成管理、また人的資源としての在庁官人など、種々の点で「国」の中心としての位置づけを保っており、その掌握は政権形成期の源頼朝にとって重要な課題であった。

であったことについて一定の反省を表明しているが、その「反省」は、律令遺制の重要性を強調することによって一方の「常識」への安易な加担へと結果した可能性に対して向けられたもの、と理解するのが相当であり、しかし一足飛びに「中世無国家論」へと転回したととるのは適切とは思われない。

私なりに思い切り乱暴に要約してしまえば、黒田は「国家」の存在が日本史の具体的な時間の内部において連続していることを踏まえ、「日本中世にあったものをどう把握するか」を問うたのに対し、石井は日本史学において用いられている「国家」概念が、ヨーロッパにおける歴史性を背負って成立し日本史の具体的な時間の外部から持ち込まれたものであることを重視して、「日本中世にあったものを迂闊《うかつ》に『国家』と呼ぶのは危険だ」と述べたのであり、両者の距離は一般に考えられているほどに開いてはいない、のかもしれない。黒田は「国家」の抽象的定義づけを回避して「日本国家」存立の具体的歴史性に立論の基礎をおこうとしたわけで、それはそれなりに適切な発想だが、その出発点となった素朴な「常識」が、黒田自身もしばしば参照する史的唯物論の国家像を媒介として、（とりわけ黒田説の継承者たちにおいて）ともすれば安易に近代国家像と結託してしまいかねない点を、石井は批判したのであった。

ところで、黒田説に対する批判の一つとして、鎌倉に京都と対立ないし並立する別個の国家(の可能性)を見いだそうとするいわゆる「東国《とうごく》国家論」があるが、そこでいわれている「東国国家」が未然の可能性にとどまり、あるいは単に政治的な対抗関係が存在したというにとどまるものであるかぎり、それは副次的な問題にすぎない。各地域にたがいに異なった個性があることそのものは、現代の国家にしてもまったく同様であり、だからこそその差異を覆い隠すフィクションの存否が重要な意味をもつ。黒田は、さまざまな地域差(の可能性)にもかかわらず、「日本」がその全体において共有する政治的な制限条件が存在したことを主張しているのであり、その下部に政治構造の地域差があったとしても、黒田説への直接の反駁にはならない。

問題は、その政治的な制限条件が、どのような形で人々をとらえていたか、にある。一つであれ二つであれ、そこに存在したのであろうなんらかの構造が人々をとらえるそのあり方が問題なのであり、そこに、一定の領域内にある不特定の人々を均《ひと》しくとらえる国家権力の作用を安易に想定するならば、近代的な主権論の浸入を不用意に許すことになりかねない。

実際、それこそが、石井が批判した近代国家像の濫用にほかならない。石井は別のところで、ヨーロッパ中世の封建制についてしばしば用いられる「人間関係の鎖の網の目」という形容を引合いに出し、日本中世の社会構造が個別具体的な人間関係に強く依存したものであったことを強調している。黒田説批判の際にも、近代国家像がそもそもfeudalな構造との対抗関係から析出された主権を軸として構成されたこと、そのこととの対照からさかのぼって「封建国家」が「人的結合国家」として特徴づけられたこと、が念頭におかれていたにちがいない。国土を面として覆う主権によってではなく、具体的な関係の連鎖によって結びあわされた社会、というヨーロッパ中世のイメージを鏡としたとき、人々と国家との関係について、どのように語りうるのか。国家の不用意な濫用はそうした問いを拡散させせかねない。それゆえに石井は、黒田説に対して「きわめてトーンの高い批判」（保立、一九九八）を提起したのであった。

二つの契機

ヨーロッパ中世の国家をめぐる議論にも、しばしば「非封建的要素」が登場する。著者は、西洋法制史の最新の動向にはいささかうといのだが、かつて堀米庸三を中心として紹介ないし展開された議論は、「封建王政」なる構造を説明するために「非封建的要素」としての王権の作用を必要とする、という、素人目にはやや不思議とみえる構造をもっていた。そこでは個別具体的な人的関係としての「封建関係」と、封建関係の束に全体としての統合性をあたえる「国家関係」(を担う王権)とのバランスが問題とされているのだが、そうした議論の立てられ方自体、「封建国家」をめぐる議論が封建関係によっては自己完結しない、ということを示している。「封建関係によって形づくられた社会」と「封建国家」とは違う。個々の封建関係を積み上げたとしても、それ自体としては国家関係へと質的に転換する契機をもたない。そこに国家関係としての性質を付与するのは、個々の関係をその外側から相互に関係づけ規律する非封建的な作用である、という。それは、封建関係とは対抗的な関係に立ち、やがて封建制を克服し主権を打ち立てることになる、王権の作用として想定されるわけである。封建制とは異質な構造をもつそうした作用を「封建国家」の必須の要素とする立論の根底にあるのは、近代的な主権の由緒を求め、歴史をさかのぼって国家の似姿を求める思考と視線にほかならない。「封建国家」は、実は撞着《どうちゃく》的な表現なのである。

ひるがえって日本。日本の中世国家をめぐっては、佐藤進一の「権力の二元論」▲が、右の問題と相似た構図をもつ。中世武家政権は、その首長《しゅちょう》とのあいだにパーソナルな従属関係をもつ従者に対する支配の作用（主従制的支配権）と、パーソナルな関係の有無によらずに働く作用（統治権的支配権）という、質的に異なる二種の権力をもち、この二種の権力の相互関係が中世政治史の重要なダイナミクスを構成した、とするのが佐藤の構図である（佐藤、一九六〇・六三）。敢《あ》えて大まかに捌《さば》いていうならば、特定の相手に対して作用するのが「主従制的支配」、不特定の人々一般に対して作用するのが「統治権的支配」ということになる。当初は初期室町幕府の「将軍権力」の構造を説明する仕掛けとして用いられた「権力の二元論」は、やがて武家政権一般へと拡張される。それとともに、統治権の源泉としての「国法」への傾斜を強め、のちの『日本の中世国家』におい

▼**権力の二元論**　初期室町幕府は足利尊氏《あしかがたかうじ》・直義《ただよし》兄弟の二頭《にとう》政治の形をとっていた。その権能の分掌関係を説明するために佐藤が導入したのが「将軍権力の二元論」であり、武家の棟梁《とうりょう》としての「主従制的支配権」を尊氏が、政権の主宰者としての「統治権的支配権」を直義が掌握した、とするものであった。

ては、個別的な主従関係を超えてそれらを束ねる契機として、王朝国家との接触によって獲得された統治権が、国家的作用の中核におかれている。牧健二の「委任封建制」にも似た構図だが、それを、黒田説の基本的な構想への接近ととらえることも、あながち不可能ではない。

だがここでは、統治権がいかにして存立するのか、という問いは棚上げにされ、前代へと追いやられているにすぎない。実際、封建体制に国家的まとまりをあたえる契機としての王権については、「古代帝国の遺産」という説明があたえられることがしばしばあるわけだが、ではその「古代帝国」はいかにして王権を獲得したのか。つぎつぎにさかのぼっていったときに見いだされるのであろう原初の王権は、そのまま統治権あるいは主権と同じものなのか。おそらくはそうではあるまい。むしろ、さきに述べたような、古典への視線の質を踏まえて考えるならば、回顧的に発見される資源の二次的利用こそが、重要な鍵となるにちがいない。

封建関係それ自体は、個人対個人の関係として観察され、それぞれの関係に即して作動するのであって、「封建王政」は封建関係自身が必要としたのではない。「体制」としての外殻が形づくられた途端に、個々の封建関係はその外郭から根拠づけられることになり、存立の様態が変わる。だからこそ「封建国家」は撞着をはらむ表現なのであり、「封建法」にもまた微妙なものがある。そのことは、日本中世社会の、「主従制的支配」や「職の体系」上の「本所《ほんじょ》―預《あずかり》」▲関係のような個別的関係の束として構成された側面を理解するうえでも、重要な示唆を含んでいる。それら個々の関係が、その外部からどのように規律され、どのような根拠づけをあたえられているのか。「根拠づけ」が、(近代国家における主権のように)一点に、もしくは一個の体系に収斂する、ということは、いささかも当然のことではない。しかしだからといって、それらの「関係」が相互にまったく独立に散在していたとも考えにくい。とすれば、もろもろの「関係」が相互にどのように関係づけられ、社会の全体像をどのように語りうるのか。主権のような堅固な構造ではないとしても、「関係」の個別性と全体の統合性という「二つの契機」のバランスのなかに、一定の傾向性なりなんなり、実体化された制限条件があったにちがいない。「国家」の語を用いずとも、そのように考えれば、黒田説の実質をつかむことができる。

▼**本所と預**　本所から職に補任され職を預かる立場を、預《あずかり》(預所《どころ》)と称することがある。著者は、「本所」「預」の立場は職の授受によって設定される関係的なものであり、職はこの関係性のうえで規律されることを原型とした、とする見解をとる。

ならばそれはさしあたり政治資源ないし文化資源の問題に帰着する。あるいは社会の自己意識ないし政治的想像力の問題、とでも表現できようか。人々がみずからの属する世界をどのように認識し、そこで生じうることをどのように想定していたのか、そうした想像力をどのように共有していたのか、ということが、中世の国家を論ずる重要な鍵《かぎ》になる。

③——「国土」と「国境」の構造

「境界」の認識

「もしもヨーロッパに固定した境界を与える者がいるとすれば、それは、時間を考慮にいれない劣悪な地理学だけであろう。実際、ヨーロッパの境界線は、おおいに移動してきたではないか。他方、ヨーロッパの宗教・法制・経済・倫理・文化のいずれの分野に関しても、唯一不変の内容をそれに付与する者がいるとすれば、それは、みずからの原則を忘れた歴史学だけであろう。なぜなら、多様な異なる要素、ときには相容れないような要素がつねにヨーロッパには入ってきたのであり、それらの要素のひとつひとつがもつ重み、発現形態、影響力は、時間とともに変容し、空間とともに変化するからである」(ポミアン、二〇〇二「序」より)。

日本についても同様のことをいってみたい誘惑にかられる。「日本」の境界は自明ではない、「日本」とその外部との境界のありようは、時代によっておおいに変動してきたではないか。もちろん、ヨーロッパと日本は同じではない。大陸の一部でありアジアとも陸続きのヨーロッパと、周囲を海に囲まれた島の群れである日本とでは、外部との境界の画され方、意識のされ方に違いがあったとしても、不思議ではない。日本の地理的特徴は、あるいは境界の意識を条件づけていたかもしれない。そこで本節では少し視角を変えて、中世人が自分たちの住む世界についてどのような空間的イメージをいだいていたのか、考えてみよう。

「日本」の地理的な範囲は、大雑把《おおざっぱ》には自明であるかのように思われる。記紀《きき》神話《しんわ》の国生《くにう》みの物語▲には、(現代の呼称でいえば)本州・九州・四国と周辺の島々が登場しており、周縁部については隠岐《おき》・壱岐《いき》・対馬《つしま》や南西諸島、また北辺の地域などがどのように意識されていたのか、議論の余地がおおいにあるものの、これらの神話世界に包含され「日本」として観念される空間的な範囲は、現代のわれわれの常識におよそのところ合致する、ように思われる。

では、そのようにして観念される日本の国土は、古代・中世の国家(ないしその類似物)によって、どのように覆われていただろうか。国土は「国」さらに「郡」として分かたれていたわけだが、それらの分節は、どのような構造をもっ

▼**国生みの物語**　イザナギ・イザナミ両神がオノゴロ島で交わり島々を生んだという神話。『日本書紀《にほんしょき》』では大日本豊秋津洲《おおやまととよあきつしま》(本州)・伊予二名洲《いよのふたな》(四国)・筑紫洲《つくし》(九州)・億岐洲《おき》(隠岐)・佐渡洲《さど》(佐渡)・越洲《こし》(北陸地方)・大洲《おおしま》(屋代《やしろ》島)・吉備子洲《きびこじま》(児島半島)の八つをあげるが、『古事記《こじき》』は後三者に代えて淡路《あわじ》・壱岐・対馬を「大八島国」に数え、ついで吉備児島・小豆島《しょうどしま》など付属の小島群を生んだとしている。

ていたのだろうか。たとえば、戸《こ》から始まって里《り》・郷《ごう》・郡《ぐん》・国《くに》と、支配関係にそって構成要素を下から積み上げていくのと、空間に境界を設定して上から分割するのとでは、空間認識の方法に大きな違いがある。この点について大町健は、令制《りょうせい》の「国」は領域的把握、「郡」は人間集団からの積上げによる把握、という違いがあった、としている(大町、一九八六)が、「国」についてもその境界の細部には曖昧さと変動がつきまとい、国境が閉じた曲線として完成されるのは、近世の国絵図《くにえず》▲作成の過程を待たねばならない。

もっぱら推測にわたるが、そもそも、空間把握については、古くから「水行一月陸行三月」などという表現方法が用いられているように、面的な拡がりをもった認識よりも、動線にそった認識が先行したのではないか。八世紀にもなお、里程《りてい》表示による動線把握が重要な意味をもっていたと思しく、令制においても「七道《しちどう》」という括《くく》りにみられるように、京《きょう》を起点とした線をもって国土の拡がりをとらえる意識は、たしかに存在した、ように思われる。そうした空間把握を基として、『二中歴《にちゅうれき》』▲や『集古図《しゅうこず》』▲に載せるような、線描の「日本図」が成立したのではないか。

▼**近世の国絵図**　江戸幕府は、数次にわたり国ごとの絵図の作成を命じており、その作成過程、とくに元禄《げんろく》国絵図の作成過程において、各地で未確定の国境を確定する「国境改め」の作業が行われている。

▼**『二中歴』**　鎌倉末期までに成立した有職故実《ゆうそくこじつ》の類聚書。平安時代に成立した『掌《しょう》中歴』『懐《かい》中歴』の再編集を主としていることからこの名がある。

▼**『集古図』**　江戸時代中・後期の考証学者・藤貞幹《とうていかん》によって編纂された古図集。

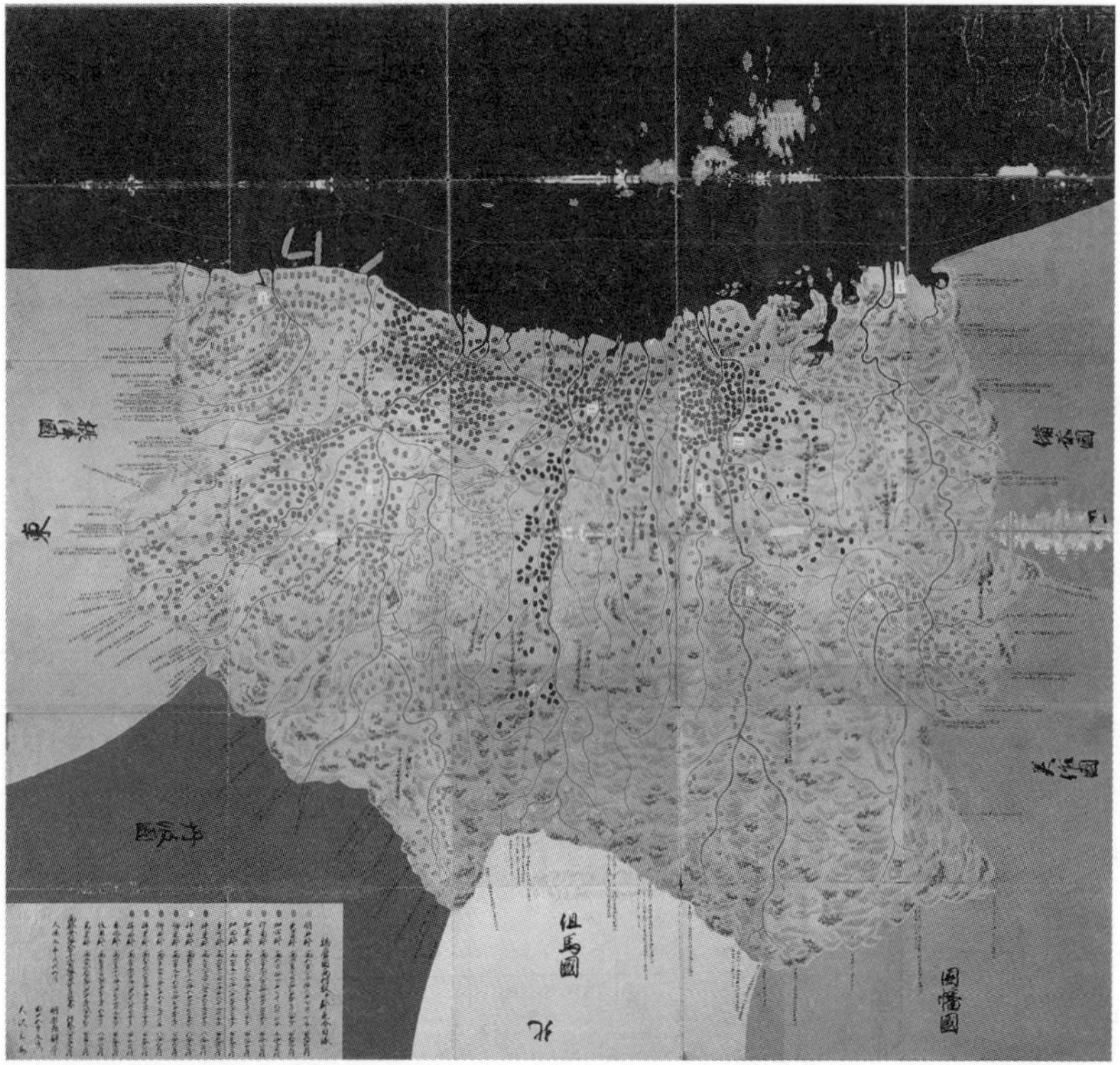

●──「元禄国絵図」播磨国

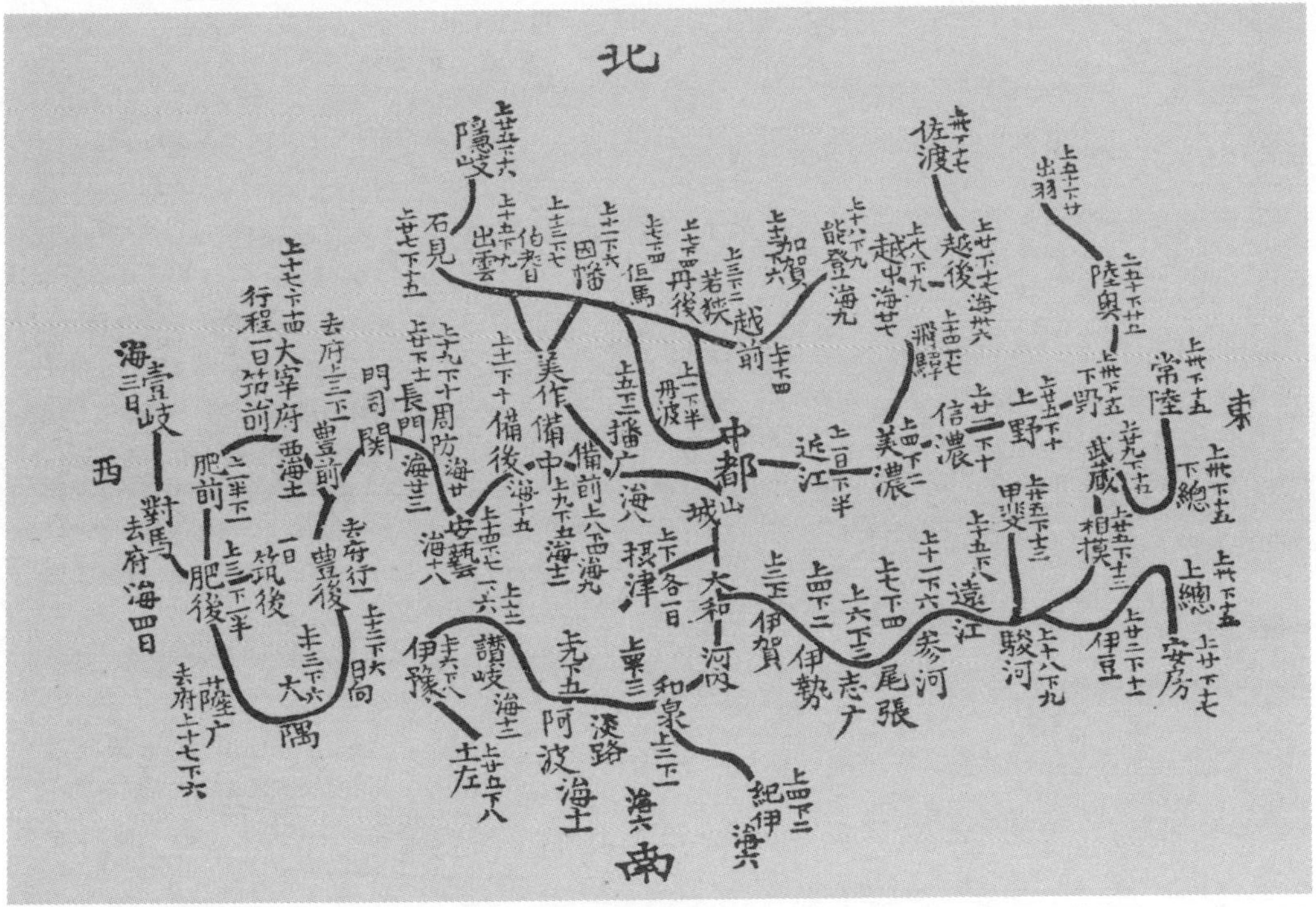

●──**『二中歴』所載の日本図**(『改定史籍集覧』)　原図は13世紀初期の成立と考えられている。都を中心として動線にそった里程表示で国々の配置を示している。

そのことは、国土の境界についての意識にも関係するかもしれない。『延喜《えんぎ》式《しき》』追儺祭文《ついなさいもん》▲は、「東方陸奥《ひがしのかたむつ》、西方遠値嘉《おちか》、南方土佐《とさ》、北方佐渡《さど》」を「四方之堺《しほうのさかい》」として掲げている。東南北三方の「堺」には広がりのある漠然とした領域があがっているのに対し、西方の遠値嘉は現在の長崎県五島《ごとう》列島の小値賀《おじか》島で、「堺」の指示が際立って細かい。この地は遣唐使《けんとうし》南路の出立地にあたり、そこが西方の堺としてあげられたのは、この「堺」が通交の動線上において国土の限界を画する地点として意識されたためではないか。また、『朝野群載《ちょうやぐんさい》』▲に載せる「四堺《しかい》祭《さい》」の場所（和邇《わに》堺、会坂《おうさか》堺、大枝《おおえ》堺、山崎《やまさき》堺）も、交通路にそった京都からの出口にあたり、民俗学でいう「道切り」▲と同様に、内外を結ぶ動線の上に「堺」を切ることによって、外から内を分かつことが意図されているように思われる。

実は、黒田俊雄にも「中世の国家の実質は〈線〉であるとする興味深い指摘がある（黒田、一九八七）。黒田の想定する中世国家の作用が、領域を面としてとらえる統治権的な様態においてではなく、中心と対象とを結ぶ作用線にそっておよぶものだったのではないか。つまり、国家の作用は、具体的中心との関係にそって調達される政治的資源に対応し、中心からの距離が国家の作用にとっ

▼**『延喜式』追儺祭文**　『延喜式』は十世紀に編纂された律令の施行細則。追儺は「鬼遣《おにやらい》」ともいい、大晦日の夜に行われる疫鬼《えきき》を域外へ追い払う行事。

▼**『朝野群載』**　平安時代に、官人の執務上の参考となる範例を集めた詩文・文書集（三善為康《みよしためやす》編）。同書に載せる「四堺祭」は、天下に疫病があるときに京への侵入を防ぐために行われる「四角四境祭」の一部をなし、国境で疫神をまつる。

▼**道切り**　村へはいる道筋に「塞《さい》の神」をまつることによって、疫病や災異の侵入を防ごうとするまじない。

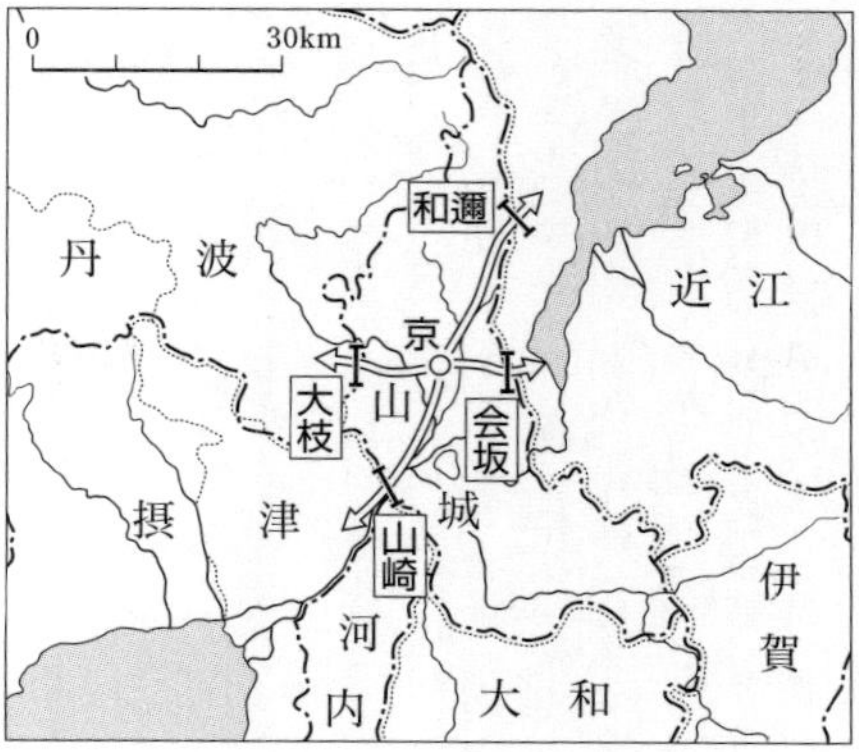

●四堺祭の場所　京から東西南北に向かう道が山城国境を越える場所に設定されている。

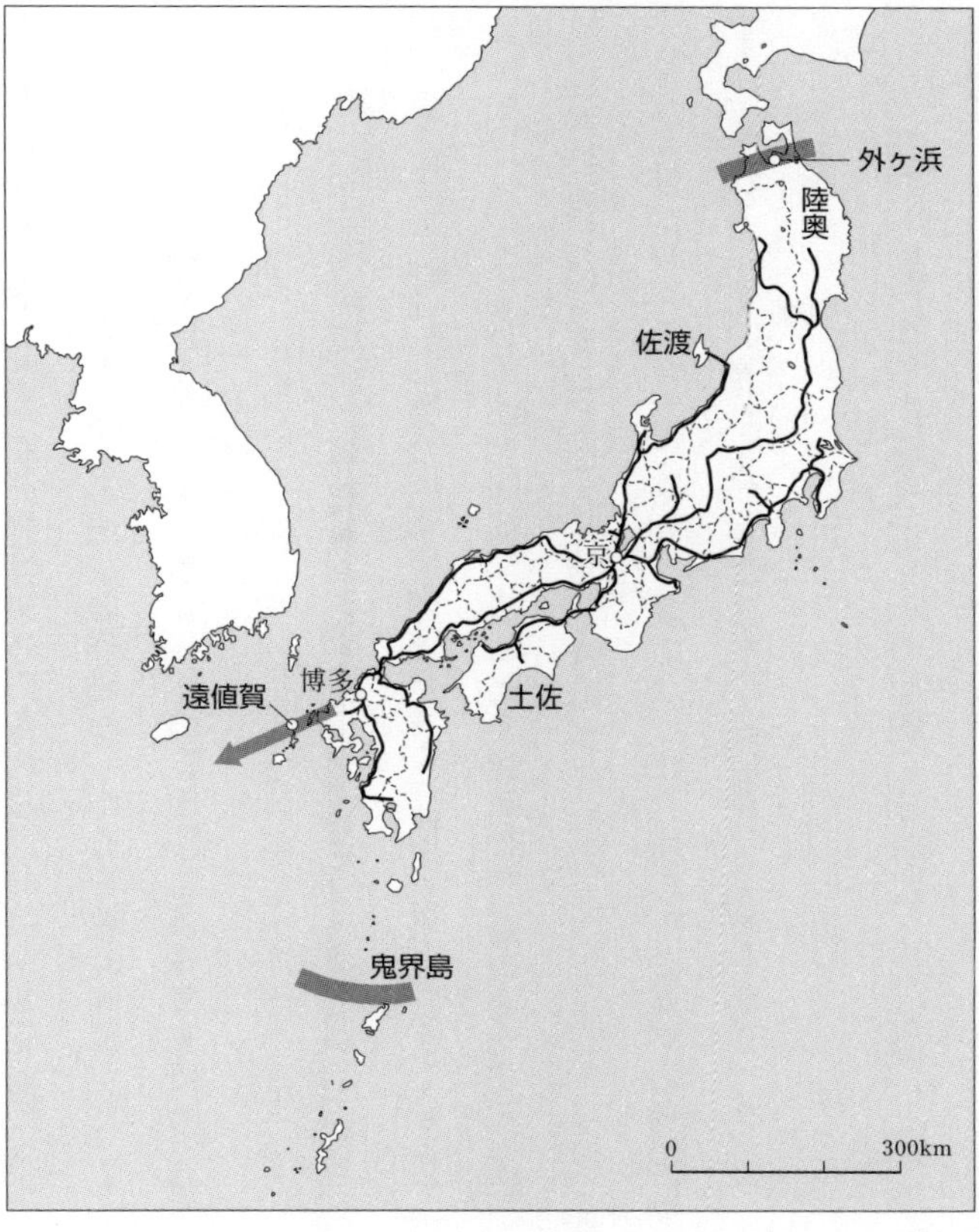

●「四方の堺」と「日本の境」　図中の太線は平安時代の主要な駅路。日本の国土は東西方向に長く伸びた形で観念され、東西南北それぞれの方向へ向かった駅路の行き着く先が「四方の堺」として意識された。中世日本の「境」を画した外ヶ浜は陸奥のさらに「東」方として、鬼界島は「西」方の果てとして意識された。

て重要な媒介変数であった可能性が考えられる。あたかも磁場のように中心からの距離に対応して逓減する国家の作用は、中心を遠く離れたどこかで尽き、あるいは別の中心によって生成される磁場と干渉しあって実質的な求心力を喪《うしな》うであろう。

そこに現出するであろう漠然とした境界領域を、ブルース＝バートンは「フロンティア」と呼び、近代国家の国境線のように一次元の線をもって内外を鋭く分かつ「バウンダリー」と区別することを提唱した(バートン、二〇〇〇)。中世に「日本の境」の尽きるところとして意識された外ヶ浜《そとがはま》や鬼界島《きかいがしま》▲は、この別によるならばフロンティアであり、北方へ、また南方へと通ずる動線にそって、中央を離れるに従い逓減してきた日本の磁場が、そのあたりへ至ってフェイドアウトする。

ところで、楕円形で国を表示しその配置を連ねた、「行基図《ぎょうきず》」▲と呼ばれる日本地図は、国土を線ではなく面をもって表象しようとする営みとして、解釈されるかもしれない。中世の日本図に表現された空間意識を論じた応地利明によると、この種の日本図の存在は、確実なところ鎌倉《かまくら》時代よりさかのぼることがで

▼**外ヶ浜・鬼界島**　外ヶ浜は現在の青森県の海岸部、鬼界島は鹿児島県三島《みしま》村・十島《としま》村に属する諸島をさし、東西方向に長く伸びた形状で観念された中世の「日本」の東西の両端として並称された。いずれも、流刑地としても用いられている。前ページ下段の地図を参照。

▼**行基図**　行基は奈良時代の僧。諸国を遍歴して布教と社会事業につとめたといい、各地に行基にまつわる伝承が残る。行基図は、諸国にわたる行基の事績に仮託《かたく》して、行基の原作に仮託された日本図。

きないという(応地、一九九六)。黒田日出男は、「行基図」に表現された空間認識は平安《へいあん》時代に萌芽がみられるとしている(黒田、二〇〇三)が、いずれにせよそれらを行基の意匠に帰することはできない。日本の国土の形態を独鈷《とっこ》によってシンボライズし、それを行基の名に関係づけることは、鎌倉末期に成立した『渓嵐拾葉集《けいらんしゅうようしゅう》』▲に『行基菩薩記《ぼさつき》』の引用という形をとった関連記述があり、「行基図」に表現されたような、国土を輪郭をもった面としてみる認識は、中世にあらわれた空間認識を示すものとして考えることができると思われる。

ここにはたしかに、線で表象されるものとは異なる空間認識の萌芽を認めうるのであろう。では、面としての広がりをもった国土を想定したとき、その限界は、また限界を超えた先の領域は、どのように意識されたのだろうか。そこで注目されるのは、「行基図」の形式で描かれた日本の領域を龍が取り囲んでいる、「金沢文庫《かねざわぶんこ》日本図」と呼ばれる日本図である。この日本図は、蒙古襲来《もうこしゅうらい》▲を機に作成されたと思しく、外敵襲来の体験が、内外を分かつ意識に影響をおよぼしたであろうことは、容易に想像される。境界の外部には「蒙古」「高麗《こうらい》」の存在が意識され、日本の輪郭を画するように描かれた龍は、あたかも日本の国土を

▼**『渓嵐拾葉集』**　鎌倉末〜南北《なんぼく》朝《ちょう》期の僧・金山院光宗《きんざんいんこうそう》が弟子たちの教科書として編んだ、百科全書的な書物。

▼**蒙古襲来**　モンゴルの大ハン・フビライは日本に対して服属通交を求めていれられず、一二七四(文永十一)・八一(弘安四)年の二度にわたり北部九州に軍勢を派遣して侵攻を企てたが、日本側の抵抗や天候条件などによっていずれも失敗に終わった。

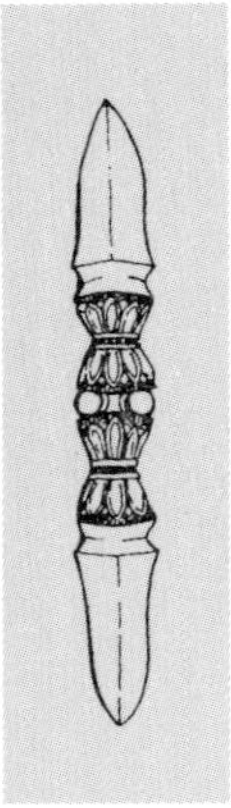

●──独鈷杵

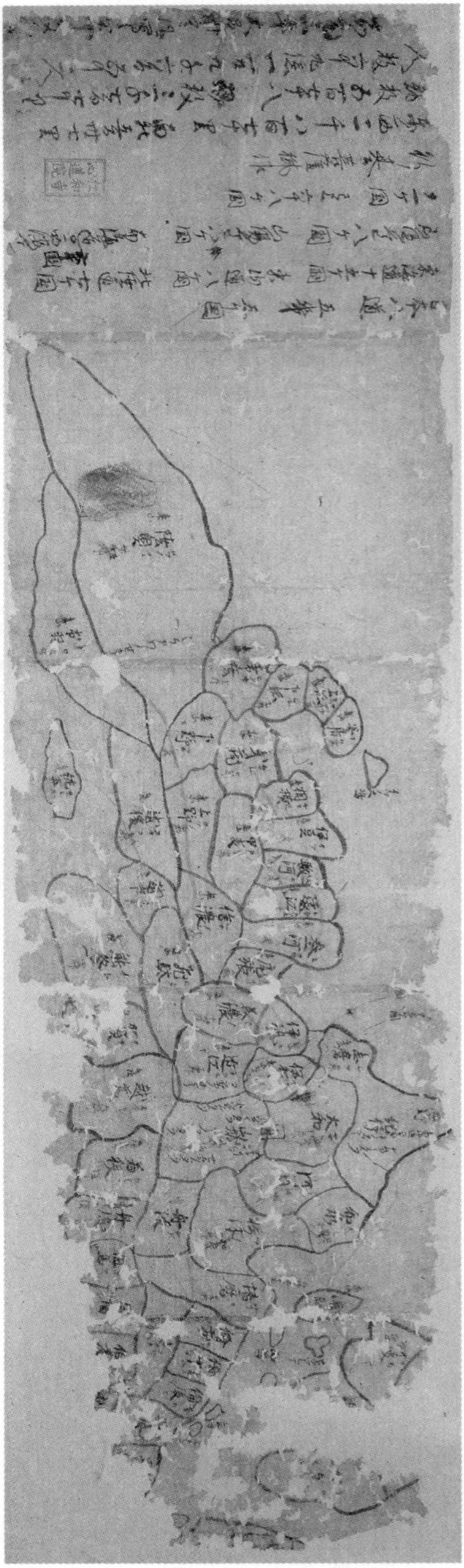

●──現存最古の行基図（1305〈嘉元3〉年）　東西に長く伸び両端のとがった形状は，しばしば「独鈷杵」になぞらえられる。

●──行基図　中世の百科事典ともいうべき『拾芥抄』に採録された典型的な行基図。

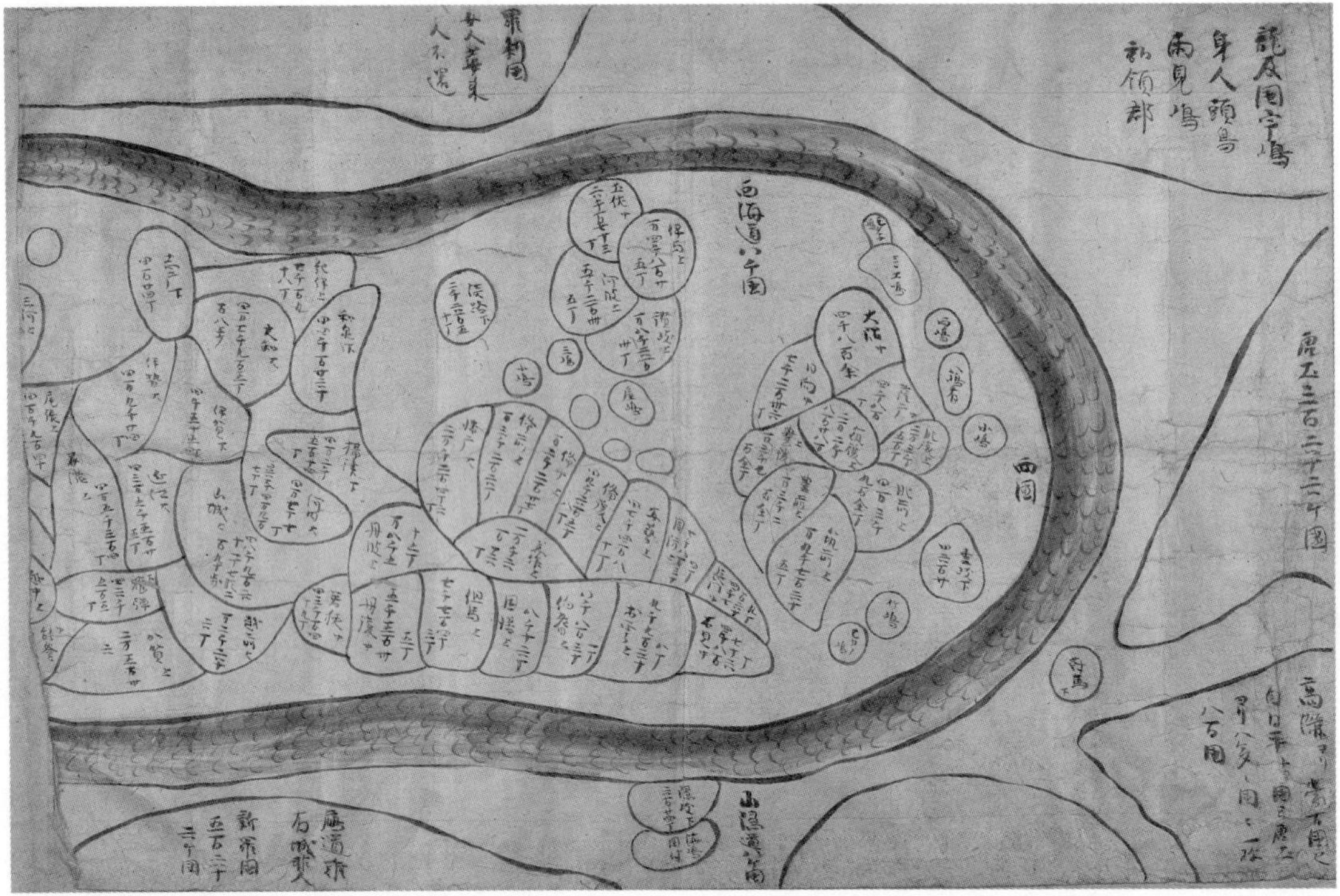

●──**「金沢文庫日本図」**　対馬（図の右下）と隠岐（図の中央下）が，「日本」を取り囲む龍の外側に描かれていることに注意。

●──「蒙古襲来絵詞」に描かれた、モンゴル軍と日本軍の戦い

外敵から守護する役割をあたえられているかのようにみえる。この、「龍に囲まれた日本」というイメージは、中世後期の日本図においてしばしば見いだされ、外界から分かたれた日本の一体性を表現している(黒田、二〇〇三)。

こうして日本の国土を取り囲み内外を分かつ輪郭こそは、国境(バートンのいうバウンダリー)の萌芽にほかならない。この輪郭の内部は「日本」としての均質性を付与され、そのことは輪郭の内外を分かつ異質性とのあいだに、際立った対照性を形づくる。譬喩《ひゆ》的にいうならば、国境とは、「博多と釜山《プサン》」を異質化し「京都と博多」を同質化することによって、前者の距離を後者よりも質的に大きなものにする仕掛けなのである。蒙古襲来を機に作成された「金沢文庫日本図」のように、境界の向こう側にあるものを意識したときに、対外認識を鏡として生まれる自己認識の表現として、そうしたフィクティヴな「距離」の測度が生み出される。ただし、「金沢文庫日本図」は、対馬・隠岐を、日本を取り囲む龍の外側に描いており、このフロンティア領域にどのようなバウンダリーが画されるのか、なお紛れの余地を残している。

「渡海の制」

さかのぼって、入唐僧円仁《にっとうそうえんにん》▲の著した『入唐求法巡礼行記《にっとうぐほうじゅんれいこうき》』では、五島・対馬は「日本」、済州島《チェジュド》・巨文島《コムンド》は「朝鮮」という認識が語られ、十一世紀にも壱岐・対馬は「日本の境」のうちとして認識されていたと考えられているが、その一方で、朝鮮の側からは、対馬は版図《はんと》のうちとして認識されることもあったという。複数の中心から広がる磁場が交錯し、境界として鮮明でないフロンティア領域を、では人々はどのようにして越えていたのか。

十二世紀半ばに成立した藤原伊通《ふじわらのこれみち》▲『大槐秘抄《たいかいひしょう》』に、「鎮西《ちんぜい》は敵国の人けふ(今日)いまにあつまる国なり。日本の人は対馬の国人《こくじん》、高麗にこそ渡候なれ、其も宋人《そうじん》の日本に渡躰《わたるてい》にはに(似)ぬかたにて、希有《けう》の商人のただわづかに物もちてわたるにこそ候めれ、いかにあなづら(侮)はしく候らん。しかれば制は候事なり」とある。宋人は日本にやってくるが、日本からの渡航は珍しく、そこには渡航を律する「制」が布《し》かれていたという。村井章介はこの「制」を「渡海の制」と呼び、「それができたのは、九世紀から十世紀のあたりと考えられるんですけれども、実際に公に許しを得ないで海外に渡航して罪に問われた例も、平安時代を通じていく

▼**円仁**　慈覚大師《じかくだいし》。平安前期の天台宗《てんだいしゅう》僧。唐にわたって密教を受法し(著書『入唐求法巡礼行記』はその際の記録)、比叡山《ひえいざん》における天台宗教学に密教《みっきょう》を導入し、真言密教とならぶ天台密教を確立した。

▼**藤原伊通**　平安後期の公卿《くぎょう》。その著『大槐秘抄』は二条《にじょう》天皇に献呈された、帝王学を説く意見書。

つかみいだすことができます」とする(村井、一九九七)。一方、ブルース＝バートンは、そうした制はもっと古くからあった、と主張し、むしろ平安期九世紀以降、律令《りつりょう》体制の弛緩にともない「国境管理能力の低下」がみられる、と述べる(バートン、二〇〇〇)。

おそらくバートンが「古くからの制」として想定しているのは、海を超えた通交の主体としてもっぱら(当時の用語法としての)「国家」が想定され、「国家」と関わりのない渡海は通常は生じないはずの事態と考えられ、「国家」による通交の動線上に境を切ることによって国境管理が有効に作動していた状況であると思われる。九州におかれた大宰府《だざいふ》▲は、まさしくそうした機能を担わされていた。そうした制が弛緩《しかん》する時期としてバートンが想定する九世紀、「国家」によらない通交・交易の可能性を象徴的に示すのが、張宝高《チャンボゴ》の「海上王国」の形成である。張宝高は新羅《しらぎ》の人、全羅南道《チョルラナムド》清海鎮《チョンヘジン》に根拠をおいて海賊を制し、また山東半島に拠る在唐新羅人に影響力をもち、唐・新羅・日本を結ぶ東シナ海北部の海上交通に関与して勢力を誇った人物である(田中、一九七五)。日本にも交易を申し入れて「人臣《じんしん》に外交なし」と拒否されたというが、「人臣」による通交の試み

▼**大宰府**　律令制下、大宰府には、西海道《さいかいどう》諸国を管轄するほか、使節の接遇など、大陸諸国とのあいだの外交的な関係にかかわる機能が付与されていた。

が現実の可能性として、「国家」にとっても問題となる状況の萌芽が、現出したのである。

　村井のいう「渡海の制」は、そうした状況に対応してあらためて「制」として意識化されたものではなかったか。「渡海の制」についての具体的な言及としては、十一世紀の『小右記《しょうゆうき》』▲の記述が知られているが、それは「刀伊《とい》の入寇《にゅうこう》」▲直後という特殊事情のもと、海の向こうとの通交の問題が意識の表面にのぼったものと思われる。十一世紀以降にはほかに、渡宋した「肥前国《ひぜんのくに》住人清原守武《きよはらのもりたけ》」らが流《る》と輸入物没収の処分をこうむり（『百練抄《ひゃくれんしょう》』▲）、また大宰権帥《だざいのごんのそち》藤原伊周《これちか》・対馬守敦《あつ》輔《すけ》らが共謀して僧を契丹《きったん》▲に派遣したことについて厳罰に処せられた（『中右記《ちゅうゆうき》』▲）、などの例がある。さらに、榎本淳一によれば、漂着船すなわち「国家」の統制によらない渡来の事例が、十二世紀あたりからふえているという（榎本、一九九九）。そのこと自体、フロンティアの海域を航行する船の増加を示唆するであろうし、「漂着船」のうちには、意図せざる漂着だけではなく、通交を目的とした意図的な来航も含まれていたかもしれない。こうして、「国家」の磁場の縁辺部であるフロンティアの意味が変わる。単なる空白域ではない通交の場として

▼**『小右記』**　平安時代の公卿・藤原実資《さねすけ》の日記。政務の中枢に参画し、かつ儀式・典礼の故実に精通した記主の個性を反映して、政務儀礼の細部にわたる詳しい記述が特徴。

▼**刀伊の入寇**　一〇一九（寛仁三）年に「刀伊」（沿海州によるツングース系女真《じょしん》族か？）の集団が対馬・壱岐・北部九州に襲来した事件。地元の武士たちによって撃退されたものの、日本側に多数の死者・被拉致者《らちしゃ》がでた。

▼**『百練抄』**　貴族の日記を主たる典拠に用いて鎌倉後期に編纂された編年体《へんねんたい》の史書《ししょ》（編者不詳）。神宮文庫に写本を所蔵。『国史大系』所収。

▼**契丹**　モンゴル系の遊牧民族で、キタイ、キタンなどとも呼ぶ。十世紀初めに「大契丹国」を建て、のち「遼《りょう》」を国号として中国北辺部に勢力をもった。

▼『中右記』 平安後期の公卿・藤原（中御門《なかみかど》）宗忠《むねただ》の日記。院政成立期の根本史料の一つ。

のフロンティアを舞台に、中心から離れたところで独自に展開される活動についての認識が、「渡海の制」の必要を、「国家」中央の人々にあらためて意識させることになったのであろう。

村井はまた、日本と大陸を行き来する人々に対しいかなる「法」を用いるべきかをめぐって鎌倉時代初期に生じた、興味深い問題に言及している（村井、一九九七）。『玉葉《ぎょくよう》』に、つぎのような記事を載せる。「宋朝《そうちょう》の商人楊栄ならびに七太」が宋において狼藉《ろうぜき》を働いたため、宋帝が宣旨を発して、「自今《いまより》以後、和朝の来客は傳（縛か？）召すべし」と命じたという。そこで彼らを重科に処せばそのことが宋朝にも伝わるであろう、とする大宰府の解を受けた京都では、楊栄は「我朝に生を取る者」だから科断《かだん》に問題ないが、「陳《ちん》七太は宋朝に生まれた」ので、「先例、かくの如き者は自由に科断せられざるか」という議論となり、結局、先例も不審のゆえ官方に調査させよう、ということになった。村井はこの一件の後段から、出生地を基準とした法適用の区分原則が存在した、とみているが、この場合むしろ、確たる準則が存在せず、どうするにも確信がもてないために種々議論となった、とみるべきであろう。宋の側では、「和朝の来客」を宋の法によって抑留する方針を示しており、これに対して日本側では、賊徒鎮圧の意図を示すことによって宋側での日本人の扱いが穏便におさまることを期待したようだが、こうした措置がとられたこと自体、人の捕捉の仕方が確とした準則によったものではないことを、端的に示している。

ところで、榎本淳一によれば、十二世紀後半の宋の史料にみえる「日本商人」は「日本人」ではなく、「日本から来た、あるいは日本と行き来している商人」を意味し、多くの場合実際には宋人であるらしい、という(榎本、一九九九)。『玉葉』にみえる「宋朝の商人」にしても、楊栄は(中国風の名ともみえるが)「我朝に生を取る」者として日本側の科罪に服すべきものとされており、日本からみて「宋と行き来している商人」をさしたものとして解釈できそうである。一方で、宋の側では彼らを(日本と行き来している)「和朝の来客」と把握していたらしく、こうした形容は、帰属関係について語っているのではなく、彼らの通交先を表現している、とみるべきなのではなかろうか。帰属関係を論じようにも、官人であればともかくとして、異域間を通交する民については、いずれの「国家」に属するかを確定すべきインデクスはそもそも存在しない。フロンティアを舞台に活動する人々について（たとえば中世後期に跳梁《ちょうりょう》した「倭寇《わこう》」について）、「彼らは何人《なにじん》か」と問うことには、おそらくあまり意味がないのである。

しかしそうしたなかでも、フロンティア領域やそこに生きる人々に対して、規律のありようをはっきりとさせようとする変化の兆しが、中世を通じてあらわれてくる。その背景には、中心から周縁へとおよぼされる磁場の構造の変質が想定され、それによって、フロンティアからバウンダリーへ、日本の境界の変化が準備されることにもなる。

「冊封」の変質

十三世紀にユーラシア大陸を席巻《せっけん》したモンゴル帝国が十四世紀には分裂し、各地でその遺産を継承した王朝《おうちょう》が成立すると、その後十六世紀に至るまで、新しい均衡を模索する構造変動が続き、日本を取り囲む東アジアの国際関係のあり方にも、大きな影響をおよぼすことになる。モンゴルの興起を「世界史の始まり」と呼ぶ歴史家もいるように、いったん「モンゴル」を共通の回路として体験したことが他者意識の変化をうながし、ポスト・モンゴルのユーラシア世界

▼倭寇　中世ことに後期に、主として東シナ海を舞台に活動し、交易や略奪などに従事した人々に対して、中国・朝鮮側があたえた呼称。

▼モンゴル帝国　中国北方によった遊牧民族がチンギス＝ハンのもとで十三世紀に版図を拡張し、チンギスの孫フビライのころにはユーラシア大陸の過半を勢力下におさめるに至った。この版図は多くの政治領域に分節されたが、ゆるやかに結合されたその総体をモンゴル帝国と呼ぶことがある。そのもとで通交路の整備や商業活動の保護など、諸地域間の通交がうながされ、後世に多くの遺産を遺すことになった。

のあちこちで、モンゴルの遺産を繰り込みつつ、秩序構造の組替えが進行することになる。

元《げん》から明《みん》への中国王朝交替ののち、明帝はその正統の証として、周辺各地の諸勢力とのあいだに冊封《さくほう》▲関係を再構築しようとつとめた。ユーラシアの大部分を覆った「モンゴルの平和」のもとで盛んとなった遠隔地間の通交は、ポスト・モンゴルの状況下でなお安定して存続するために、諸王朝の狭間にふたたび現出したフロンティアにおいて、「モンゴルの平和」の喪失の補償を必要とする。東アジアにおける冊封関係再建の試みはその一つの局面を構成し、天下を主宰する中華皇帝のもと、本来は皇帝と外臣の個人的関係の表現であった「冊封」が、「彼らは何人か」「あそこはどの国に帰属するか」を区分し規律をあたえるための構造として、変成されることになる。そうした動きの影響はモンゴル帝国の外部にあった日本へもおよび、フロンティアに跳梁する倭寇に対する規律を求め、規律を生み出す構造のあらたな分節を生み出そうとする動きが、外部との関係における日本の成り立ちを、変えてゆくことになる。

十四世紀日本の中央においては、「当時本朝《ほんちょう》の体たらく、鎮西九国は悉《ことごと》く管領

▼冊封　中華皇帝が、服属恭順の意をあらわす周辺諸地域の首長に王号を授与することによって設定される関係。王として冊封を受け皇帝の外臣となることによって、中華帝国と通交関係をとることが認められる。王が皇帝に臣下の礼をとって使節を送り土産品を献上する朝貢《ちょうこう》に対し、皇帝は接遇し回賜をあたえ、そのことによってみずから正統の皇帝たることの証をあらわす。

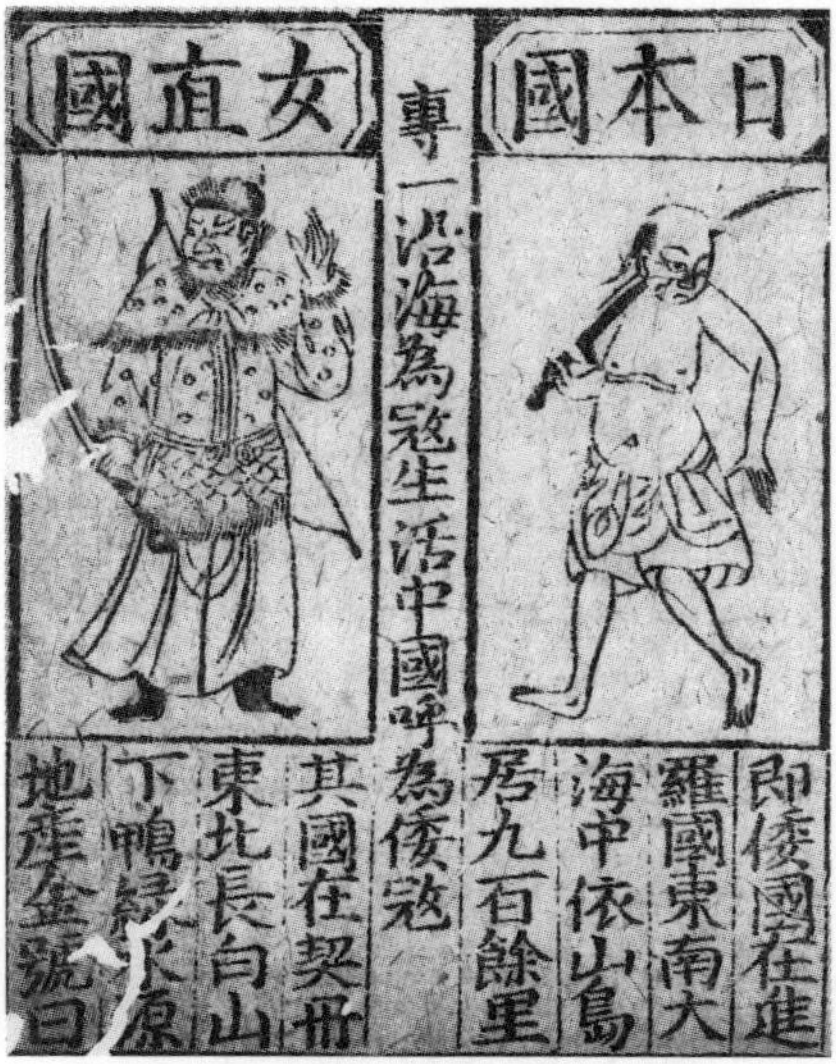

●──『万宝全書』の日本人・女真人像

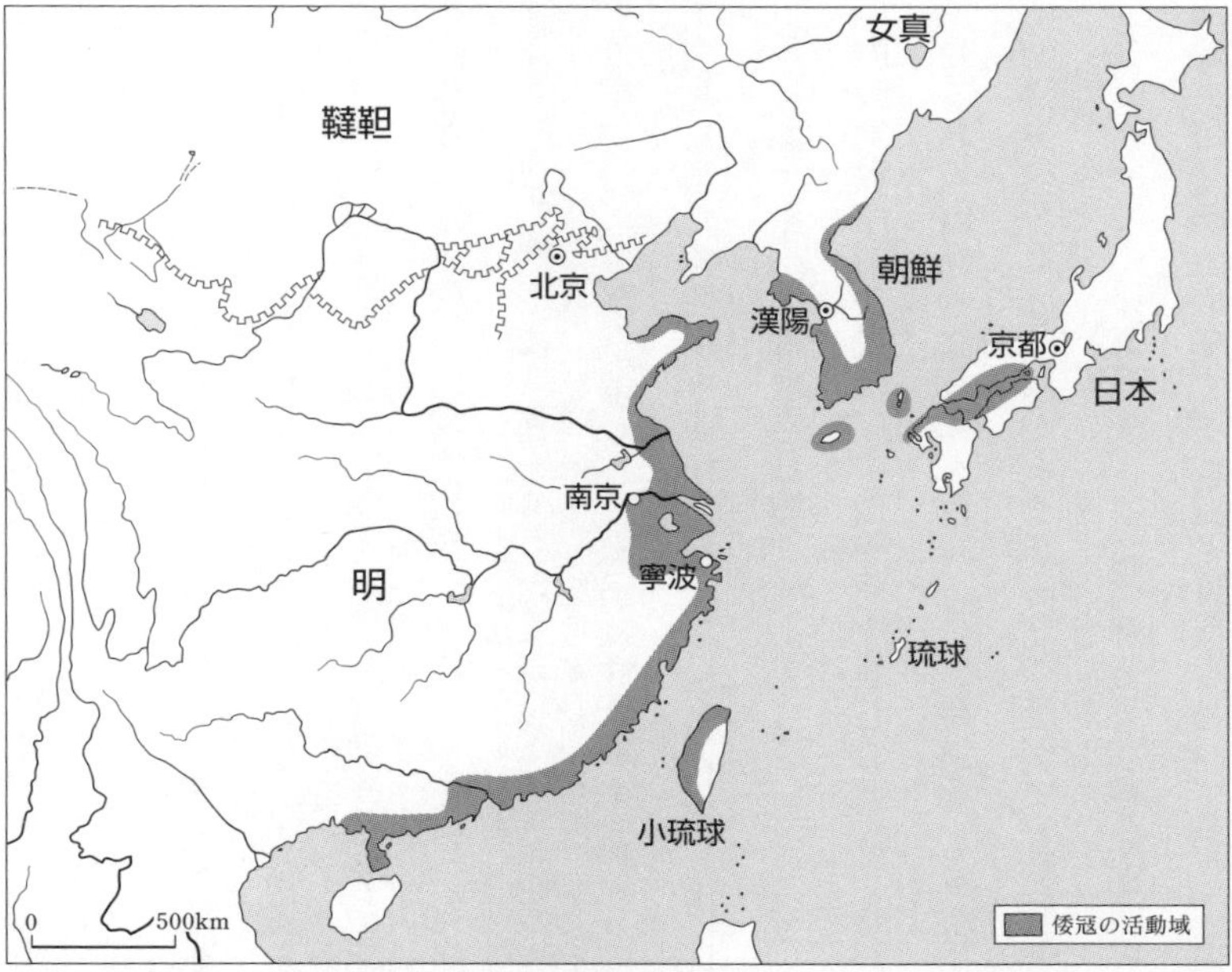

●──15世紀の東アジアと倭寇の活動域　「国境」とかかわりなく跳梁する「倭寇」をいかに鎮圧するかは，明を中心としたこの時期の東アジア国際政治の，大きな課題であった。

にあらず」(『後愚昧記《ごぐまいき》』▲)と述懐され、その政治的磁場は遠国九州においては十分な求心性をもたないものと認識されていた。ややくだって十五世紀前半の幕閣《ばっかく》中枢においても、「遠国事をば、少々の事、上意《じょうい》の如《ごと》からず候といへども、よき程にてさしおかる事」が、「等持寺殿《とうじじどの》(足利尊氏《あしかがたかうじ》)以来代々」の常態として認識されていた(『満済准后日記《まんさいじゅごうにっき》』▲)。そうした状況は、新しい世界秩序を生成しつつある中国の側からみるならば、秩序の真空状態にほかならない。九州に滞在していた「良懐」(後醍醐《ごだいご》皇子懐良《かねよし》親王)に遣使《けんし》をうながし「日本国王」▲の号を授けた明洪《こう》武帝《ぶてい》の意図は、みずからの中華皇帝としての正統性を示すとともに、倭寇鎮圧を担う秩序の主宰者としての役割を振りあて、フロンティアに新しい政治的分節を導入することにあった、と理解される。

この新しい国際政治秩序の形成は、中世後期を通じて進行するが、この間に日本では、中国地方の大内《おおうち》氏のように、百済王《くだらおう》の子孫▲を称して所領の給付を願い出るなどして朝鮮王への接近をはかる者があり、ほかにも朝鮮と直接の通交関係をもつ者があった。また十五世紀半ばに朝鮮で祥瑞《しょうずい》現象▲が報告された際には、九州・中国地方の諸勢力の多くが独自の賀使《がし》を送っており、通交の機会を

▼**『後愚昧記』**　南北朝期の公卿・三条公忠《きんただ》の日記。南北朝後期の根本史料の一つ。

▼**『満済准后日記』**　室町時代の僧侶・三宝院《さんぽういん》満済の日記。満済は足利義持《よしもち》・義教《よしのり》の政治顧問的な存在で、その日記はこの時期の幕府政治史の、最重要史料の一つ。

▼**日本国王良懐**　九州経略の任をおびて大宰府にあった懐良親王は、明使趙秩《ちょうちつ》の説得をいれて一三七一(建徳二＝応安四)年に使僧を明都南京《ナンキン》に送り、洪武帝はこれに応えて「良懐」を「日本国王」に封ずる冊封使を九州に遣わした。この冊封使は結局懐良のもとには到らなかったが、明側では「良懐」のみを正式の通交相手として認知し、それ以外の者の遣使を斥けるようになる。ややのちに足利義満が対明通交を開こうとした当初にも、「良懐」の存在がネックとなっている。

うかがう者は少なかったとみられる。このようなケースでは、相互浸潤する磁場がどのように分節されるのかが問題となりうる。いわゆる「応永《おうえい》の外寇《がいこう》」▲に際しても、侵攻した朝鮮側としては、朝鮮の政治領域に編入されるべき対馬に拠りながら規律に従わぬ倭寇の討伐を目的として認識しており、ここでもフロンティアの政治的再編の動きのなかで、どこに線を引くかが問題として浮上しているのである。それが、山下範久のいう「近世的世界システム」(山下、二〇〇三)の生成へと至る、分節構造再編成のプロセスにほかならない。

かくして再編された冊封体制は、いわば国家の相互承認のシステムの萌芽的形態として、フロンティアの政治的空白領域を分節し政治化する作用をもつ。「海禁」と称される近世中国の通交管理体制はその延長線上に位置し、管理された国境の形成による稠密《ちゅうみつ》な内部空間の形成へと向けた一歩として理解される。近世日本におけるいわゆる「鎖国《さこく》」もまた、その一つのヴァリエーションにちがいない。もっとも、対馬は中世後期から近世を通じて日本と朝鮮のあいだで境界的な立場を保ち、日朝通交の翻訳装置としての機能を担い続けることになるし、南方では琉球《りゅうきゅう》が一方では薩摩《さつま》島津《しまづ》氏を通じて日本に服属し、また一方では

▼**百済王の子孫**　大内氏は周《す》防国《おうのくに》の在庁官人《ざいちょうかんじん》で、鎌倉幕府の御家人となり、南北朝期の弘世《ひろよ》のときに中国地方西部に勢力を伸ばした。その主張するところによれば百済聖明王《せいめいおう》の子琳聖太子《りんせいたいし》の子孫であるといい、多々良《たたら》を姓とする。室町《むろまち》時代の教弘《のりひろ》はその縁故を掲げて朝鮮に遣使し、所領の給付を願い出たことがある。

▼**祥瑞現象**　一四六六年、朝鮮王が金剛山《こんごうさん》に参詣したところ、雨《う》花《か》・甘露《かんろ》・異香《いこう》・舎利分身《しゃりぶんしん》などの奇瑞があいついで出現したという。伝え聞いた西日本の諸勢力は、これを君主の徳をあらわす吉祥《きっしょう》として言祝《ことほ》ぎ、誼《よしみ》を通じようとする賀使を競い送った。

▼**応永の外寇**　一四一九(応永二十六)年に、倭寇鎮圧を目的として、朝鮮の軍船が対馬に来襲した事件。朝鮮側ではこれを「己亥《きがい》東征《とうせい》」と呼ぶ。

▼足利義満と「日本国王」号　室町幕府第三代将軍足利義満は明に遣使して明帝から「日本国王」号を授けられている。このことをもって、義満が天皇をさしおいて日本の君主となった、とする説もまま目にするところではある。

中国王朝とのあいだに直接の臣属関係を結ぶという曖昧な位置を占め続ける。また北方でも日本とその外部との境界は必ずしも画然としたものではない。それでも、分節されたそれぞれの政治的領域を相互に認識しあい棲《す》み分ける秩序が形成されたことによって、長期的にみれば、磁場が交錯する漠然としたフロンティアから、政治的領域を分節するバウンダリーとしての国境の区画へと向けた、構造の組替えが進むことになるのである。荒野泰典のいう「海禁による、〈国民〉の早熟な形成」という現象（荒野、一九八八）も、領域を空間的に区画し稠密な政治構造を構築する「近世的世界システム」のもとでの、境界内の人々のフィクティヴな均質化をさしている。

そうした構造変動によって、日本のドメスティックな政治世界は、どのような影響をこうむったのだろうか。たとえば足利義満《よしみつ》が明帝に遣使して「日本国王」の号を賜与《しよ》されたことは、右に述べたような国際政治の場でのアクターたる地位を認証されたことを意味するが、そのことが政治資源として国内に作用したものかどうか、必ずしも判然としない。あるいはくだって徳川《とくがわ》氏の政権にしても、ロナルド＝トビが指摘するように、国際政治の「承認のレンズ」に映るみずからの像を「正常化」するために、明から「日本国王」号を得ている(トビ、一九九〇)が、そのことを国内政治における正統性の主張と結びつけてはいない。対馬が朝鮮との通交のうえで担った「二枚舌」的な役割などに鑑みるとき、さしあたりは、国際政治の政治言語と国内政治のそれとが相互に切断された、二重構造を想定しておくのが適切なのかもしれない。だとすればそのことは、中世後期から近世へかけての日本の国家のありようを考えるうえで、重要な意味をもつことになるだろう。

④──「伝統」の(再)創出

「神の国」の始まり

モンゴル帝国の興起と分裂という事件は、日本内部の構造にも甚大な影響を残した。詳しくは専門の文献に譲るが、本書の当面の関心に照らせば、まずは「蒙古《もうこ》襲来《しゅうらい》」への対応のなかで、外敵に対する意識が広い範囲の人々において覚醒され、それがドメスティックな秩序の意識へと投射されたこと、それが「神」の名と結びつけて語られたこと、が重要な意味をもつ。

防衛戦争への広汎な人々の軍勢動員や、戦時態勢下での私的紛争を即決処理する法式の導入など、「日本」という括《くく》りが人々の日常生活においてもつ重みが増大し、かつそれが「公家《くげ》武家《ぶけ》」ないし「公方《くぼう》」▲によって主宰されるものとして人々の前に姿をあらわしたことが、人々の社会生活に、「公方」に規律された「社会的ゲーム」としての側面を付与した。そのことは、日本における政治資源の布置の大きな変化を意味する。そうした秩序再編の際に利用されたのは、既存の公家のフォーマットであり、日本の成り立ちを「神」との関わりにおいて語る

▼**公方**　もとは天皇ないし朝廷をさす語であったとされるが、鎌倉後期以降、秩序の主宰者を意味して広く用いられた。同時期に用いられた「公家武家」と読替え可能な場合も多いが、必ずしも具体的な存在を指示するとは限らず、個別具体的な関係に依存することなく人々を捕捉する秩序の主宰者を漠然とさして用いられた。

言説であった。このあたりには、政治的想像力の言語化をめぐる問題があり、「武家政権」としての鎌倉幕府《かまくらばくふ》もまた公家社会の用語・概念▲を用いてみずからを表現したことなどとあわせ、利用可能な公共化装置としての「公家」ないし天皇・朝廷《ちょうてい》の存在は、やはり大きなものがある。

一方、「日本は神国《しんこく》」だから隣国はみな怖《お》じて侵略しない、という類の言明は、前にも引用した藤原伊通《ふじわらのこれみち》『大槐秘抄《たいかいひしょう》』にすでに登場しているが、対蒙古防衛戦争の過程で、「神々が異敵と戦うために出陣した」「負傷した」「だから祈禱《きとう》が必要だ」という類の言説が（おそらくは諸社の関係者によって意図的に）流布され、人々と神々との関係に再編の契機があたえられ、外敵と対比される日本の存立が、「神による守護」と結びついた形で人々の認識に根をおろしてゆく。とりわけ伊《い》勢《せ》信仰▲がこの時期以降広く流布し、皇祖神《こうそじん》として国土守護を主宰する伊勢の神と、現世世界の主宰者としての天皇とが重合して、「神国」のイメージを醸成することになる。

ところで近年、日本中世《ちゅうせい》における「神」をめぐる言説群として、「中世神話」「中世日本紀▲」の世界が注目されているが、そこにみられるのは首尾一貫体系化さ

▼公家社会の用語・概念　鎌倉の「武家」はみずからを鎌倉殿の「家」として表現し、政所をはじめとする諸機関も公家の家政機関にモデルを求めている。また、「御成敗式目」制定に際しても『法曹《ほっそう》至要《しよう》抄《しょう》』などによって公家法を参照している。

▼伊勢信仰　伊勢神宮（内宮《ないくう》）は皇祖神天照大神をまつるが、中世には治病神としての伊勢の神に対する信仰も存在した。伊勢の神を「国主神」とする見方が各地に広まるのは十四世紀以降のことである。

▼中世神話・中世日本紀　中世には、『日本紀』（『日本書紀』）神代巻の物語をめぐって、仏教説話との習合も含め、さまざまな異説が語られ流布しており、それらをこう総称する。

れた「神道《しんとう》的」世界ではない。そもそも「神道」というものは、山河や自然現象を崇敬の対象とした個々のローカルな「祭天《さいてん》の古俗《こぞく》」の総称であって、その総体が宗教としての同一性を備えていたものではない。前にふれた高柳光寿が、中世以前における統一国家の存在を否定するにあたって「神社がそれぞれ国家に相当した」としているのは、祭祀《さいし》を共有する世界がローカルなスケールで完結し、それこそが人々の生活に規矩をあたえていた、という認識を踏まえている。そうした個々ローカルに完結した祭祀を「神道」として成型するに際しては仏教系の説話が触媒に用いられ、そのことを通じて、日本のイメージが宗教的・宇宙論的な意味をもって提示されている。

　中世の「日本図」にこめられたさまざまな宗教的シンボリズムに着目した黒田日出男の研究は、このことともかかわってたいへん興味深い（黒田、二〇〇三）。黒田によれば、鎌倉後期には、「日」を日本、「星」を震旦《しんたん》＝中国、「月」を月氏《げっし》＝天竺《てんじく》、とする解釈が示され、あるいは「大日本国」を「大日の本国」として大日如《だいにちにょ》来《らい》と結びつけるなど、密教《みっきょう》と結託した世界像が語られており、そうしたなかで、日本の国土を独鈷《とっこ》の形状になぞらえて表象することが行われているのだという。

これらの説話を多く採録した『渓嵐拾葉集《けいらんしゅうようしゅう》』が成立したのは鎌倉末期、十四世紀初頭のことだが、このころには、身の回りのローカルな世間の成り立ちを、より広い世界のなかに位置づけて認識し、宗教的イメージをもって意味づけようとする試みがあったことが知られる。

ローカルな神々に、仏教の教説を用いた表現をあたえようとする試みは、中世に始まったものではない。在来土着のローカルな信仰を、普遍宗教としての形式をそれなりに備えた仏教と結びつけようとする試みは、律令《りつりょう》国家による土《ど》着《ちゃく》信仰編成策の一環として八世紀には開始され、さまざまな紆余曲折《うよきょくせつ》を経つつも古代から中世を通じて展開されたものだという。それは、高柳光寿が想定したような、ローカルな秩序に王権《おうけん》が浸透してゆくプロセスの一景をなしたものと考えられる。各地でまつられた神々を、仏教の神仏が仮の姿をとってあらわれたものとして記述する「本地垂迹《ほんじすいじゃく》」説は、平安《へいあん》中期に登場し、中世にかけて各地に流布し、やがて鎌倉中期には、皇祖神天照大神《あまてらすおおみかみ》を「大日如来の垂迹」とする言説が唱えられるに至る。こうして鎌倉中期から後期にかけて、王権をめぐる神話が仏教の教説を借りて語りなおされ、義江彰夫の言葉を借りれば「神《しん》仏習合《ぶっしゅうごう》▲の最終局面」を迎えることになる(義江、一九九六)。相互に分かちがたく結びついた神仏のもとに社会と人々を糾合しようとする企図は、この時期、「蒙古襲来」への対応を契機としていよいよ広汎な人々を巻き込みつつ一気に進展する。そこには、「神々の国々」が、「天皇を中心」として再編されてゆくさまを、みることができるにちがいない。こうして、律令がそのプログラムの一環として掲げた「王土王民《おうどおうみん》▲」理念の実体化へと向かうプロセスが、一歩を進めることになるのである。

そうした国内的な条件と、さきにふれたポスト・モンゴルの国際環境条件とが交差するところに、国家の新しい可能性が広がることになった。ここにおいてこそ国家は、人々を取り巻く世界の構造と、そこで展開される人々の生活に、深くかかわることになる。

古代国家の遺産

鎌倉後期における「公家武家」ないし「公方」のプレゼンスの増大は、そこで用いられるであろう法に対する人々の関心の増大をともない、その帰結として、

▼神仏習合　義江彰夫によれば、律令国家は、国衙《こくが》を介して一宮《いちのみや》・惣社《そうじゃ》の祭祀に関与することによって、ローカルな祭祀を括り糸とした小世界をさらに大きく束ねようとし、ついで、国内の神々をして仏教へ帰依《きえ》せしめることによって、神々の存立を、ローカルな世界からより広い世界へと関係づけ引きずりだすことを意図した、そこに「神仏習合」の展開があったのだという。こうしたところに、「世界」が共有され統合されることの、一つの局面を見いだすことができる。

▼王土王民　天下の土地人民はことごとく王の支配に服すべきである、とするスローガン。こうした理念は律令国家も掲げており、おそらくは珍しいものではないが、実態のいかんはもちろん別問題である。

法にかかわる認識が人々に共有され、ひいては人々が法を呼び出し、人々のあいだに呼び込むことが行われるようにもなる。十三世紀末のいわゆる「永仁徳《えいにんとく》政令《せいれい》▲」が、御家人所領《ごけにんしょりょう》知行《ちぎょう》に関する規律を意図した鎌倉幕府の思惑をはるかに超えて広汎な人々によって参照されたことは、その象徴的な出来事であったし、くだって十五世紀には、人々が借銭問題の処理のために幕府に対し「徳政令▲」の発布を求めるということも行われている。そこでは「法」は、特定の相手との関係に即したものではなく、それに依ることによって多くの不特定の他者との関係を規律しうるという、頼り甲斐をもった道具として、認識されることになる。このことはまた、そのような人々の関係に介在することによって作用する権力の可能性をも開くことになる。佐藤進一の「二元論」を再度想起するならば、「主従制的支配」のような個別的関係に依存することなく人々をとらえる、「統治権的支配」の作用基盤が形成された、あるいは拡張されたことを意味するであろう。

そのような、人々一般を捕捉する法が生成されるにあたって、律令が果たした役割は重要である。そもそも、中世法を代表するかのようにいわれる鎌倉幕

▼**永仁徳政令**　鎌倉幕府が発したいわゆる「永仁徳政令」は、「御家人所領は幕府による規律のもと御家人に知行されるべし」という内容をもつものであったが、実際には御家人以外の人々が売却した土地を取り戻すための理由づけとして幅広く用いられた。

▼**徳政令**　十五世紀には「徳政」の語は借銭破棄を意味して用いられ、「徳政」の実施を公的に宣言し根拠づける「徳政令」の発布(ないしその規制)を、人々が幕府に要求する、という事態が生じる。いわゆる「嘉吉《かきつ》徳政令」は、その典型的な一例である。

府の「御成敗式目《ごせいばいしきもく》」が、実は律令の存在を意識し、律令に規律された世界へと武士たちを平穏に関係づけるために、嚙《か》みくだいた教えを示すことを意図したものであったように、中世の法がその表現モデルとしたのは、古代に属するはずの律令であった。中世後期の「式目注釈学▲」が掲げた律令・式目同根論も、同様の認識を基礎としている。鎌倉後期に生まれた「公方の法」は、武家法が公家法を駆逐してなったものではなく、両者のむしろ順接的な融合の帰結である。

　さきにもふれたように、水林彪は律令国家を、古層に対立する外来の「新層」としてネガティヴにとらえている。日本にとっての律令が、中国の後追いによる急速な文明化(ないし「古代化」)の過程で移入された外来の素材であったことは確かであり、律令体制が必ずしも日本の社会や人々を稠密《ちゅうみつ》にとらえるものではなかったことも、しばしば主張されている。しかし、律令国家が後世から古典的国制として回顧され、国家の機構にモデルを提供し続けたこともまた、否定しがたい。たとえそれが外来の新層として、そのさらに基底にある古層との対抗的な関係に立つものであったとしても、ここでは中世は古代の明瞭な否定ではなく、古層の単純な復活でもない。崩壊することなくなお眼前に健在であ

▼式目注釈学　鎌倉後期以降、『御成敗式目』に対する注釈が、武家奉行人《ぶぎょうにん》や公家明法家《みょうぼうか》など実務系の人々によってほどこされるようになる。注釈を加えるといっても、現代の「コメンタール」体のものではなく、語句の訓詁的《くんこてき》注釈を主体としたものであるが、律令と式目とがその根本において一致しているとする認識を踏まえたものとなっている。

▼**古典主義運動**　十五・十六世紀に、京都周辺において、平安時代の文化文芸を文化的規範として回顧する動きが盛んとなった。「応仁の乱」後の公家衆の流寓《りゅうぐう》によって、こうした動きの影響は諸方におよび、日本文化にモデルとしての「古典」を提供することになる。

る古代を重要なリソースとして、古代からの連続性の上に構築されたのである。

ここで興味を惹《ひ》くのは、文化史家の芳賀幸四郎が十五・十六世紀に見いだした「古典主義運動」▲である（芳賀、一九四五）。この時期、平安時代ないしそれ以前の和典籍《わてんせき》に対する関心が急速な広がりをみせ、注釈や講読が盛んに行われている。国文学の世界では、この時期とくに重きをおかれた「古今《こきん》・朗詠《ろうえい》・伊《い》勢《せ》・源氏《げんじ》」を、「四大古典」と称することもあるというが、これらが標準的な古典として、公家社会においてのみならず武家関係者によっても享受され、文化的な鑑《かがみ》としてかえりみられたことは、文化の成り立ちの歴史についての標準的な認識枠組みの形成を示す現象と、理解することができるであろう。南北朝《なんぼくちょう》から室町時代にかけて、武家の周辺においては、年中行事や礼式・書簡作法、さらには武芸についての故実《こじつ》の整備が進むが、それらについても、鎌倉幕府の先例を想起したケースとともに、公家社会周辺の文化に雛型を求めたケースが、少なからず見いだされる。そのようにして古典ないし歴史を意識しつつ中央において形成された文化は、各地で種々の模倣やアレンジメントを生み、日本文化のスタンダードとしてその求心力を地方の村落社会にまでおよぼすことになる

▼『庭訓往来』　南北朝期の成立。往復書簡形式で文例と語彙を提示する初学者向けの教科書である「往来物」の代表的なもの。中世にすでに多くの写本が作成され、さらに近世には版本が刊行されて広く普及した。

(二木、一九八五。脇田、二〇〇三など)。

文化を広く伝搬する媒体として中世後期以降に重要な役割を果たしたのは、「往来物《おうらいもの》」と呼ばれる初学者向けの教科書である。「往来物」とは、『庭訓往来《ていきんおうらい》』▲がその代表格であるが、往復書簡形式のなかに種々の文物についての語彙をちりばめ、文字遣《づか》いの手本とするとともに世を渡るために必要なほどの標準的な知識をあたえることを目的としたテクストで、中世後期から近世にかけて書写あるいは板行されて広く流布した。また『太平記《たいへいき》』も、現代の歴史学者によって「最大の往来物」と評されることがある(大隅、一九九三)ように、南北朝期の歴史過程を一つの軸としつつも、日本や中国の説話や歴史上のエピソードなどをちりばめた、世界の歴史的成り立ちについての知識のデータベースとなっている。中世後期から近世にかけて、写本・版本あるいは講釈など種々の形態をとって流布した『太平記』は、人々のもつ歴史像を、国家のもつ連続性の周囲において標準化するにあたって、大きな力をもった。

こうした、世界の成り立ちについての標準的な認識の生成は、人々の社会生活上の想像力を条件づけることになる。そこにこそ、「国民」ないし「民族」という「想像の共同体」へと連続していく構造の種子があるわけだが、ここで、共有された標準的な参照枠の生成は、国家がその意思に基づいてなしたものではなく、人々に対して正面から力で押しつけられたものでもない、という点には、留意すべきである。むしろ人々の側がそれを利用したことが、重要な意味をもつ。一般的な話として、人間のメンタリティのうちに、整然とした世界像を求める欲求を想定しうるかどうか、世界の整然性そのものが人々にとって価値でありうるかどうか、必ずしも定かではないけれども、ここでは人々がそうした整然性の資源を求めて国家の役割を呼びだし、ひるがえって人々自身を拘束することになるのである。世界像の拘束を媒介として、人は他者との関係の複雑さ、予測しがたさを縮減することができる。その世界像が国家と交差するところにこそ、具体的な人間関係に依存するのではなく、また「組織された裸の暴力」に直接に依存するのでもない、「支配」の可能性が開かれるのである。

近世国家への道

日本の中世は、古代とのあいだに明確な切断面をもたないままに、古代から

中世国家と「無縁」論

一九七〇年代に網野善彦が提唱したいわゆる「無縁《むえん》」論は、日本中世の社会構造をめぐる議論に、大きな影響をおよぼした。その著『無縁・公界・楽』が一般読書人を巻き込む「中世史ブーム」を惹起したこともあって、「無縁」は網野史学のキィワードとして広く知られるところとなり、その影響はアニメ映画にまでおよんでいる。

網野によれば、中世の世俗権力は社会を稠密《ちゅうみつ》に覆うものではなく、そこでは俗権に捕捉されることを拒絶する「無縁の原理」が作動し、俗権のおよばぬところに広大な無縁の領域が広がっていた、という。さらに、そうした無縁は俗権の伸長に圧《お》されて中世を通じてしだいに衰退し、近世には国家権力に覆い隠されてしまったのだ、と説く。この問題提起は、中世における国家の作用を考えるうえで、きわめて重要な意味をもつであろう。

網野が構想する無縁は、手工業者や商人・芸能者などの非農業民から寺院・僧侶《そうりょ》、果ては女性や子供にまでおよぶ。寺院やイエが外部の俗権の介入を拒絶するアジールとしての作用をもつこともあり、そこにも無縁の原理の作用が見いだされる。市場《いちば》の秩序維持のための押買《おしがい》禁止や狼藉《ろうぜき》禁止も、私的な縁の恣《し》意的な介入を排除することとして無縁と関係づけられる。そうして中世社会のそこかしこに無縁を発見する網野の議論は、ときに「何でもかんでも無縁にしてしまう」と揶揄《やゆ》されることがあり、とりわけイエに無縁を見いだすことについては、イエ自身が私的な縁の拠点でもあったこととの撞着《どうちゃく》が難じられることがままあった。

しかし無縁とはそもそも、ある人や場そのものがもつ属性というよりは関係的な表現であり、なんらかの具体的な縁と対置したときに、その局外にあることが無縁として意識されるのである。「人間関係の鎖の網の目」にたとえられる中世社会において、網野が無縁と対置する世俗権力は、主従関係によって代表されるであろう種々の具体的関係にそって作動するのであり、ある世俗権力がある人なり場なりをとらえるか否かは、主客を結ぶ縁の有無によって規定される。たとえばそれ自身一つの縁を形成するイエは、その外部の別の縁に対しては無縁でありうる。具体的な縁にそって作用する俗権に対して局外に立つことが、無縁の意味するところであった。もとよりこうした無縁は、周囲を囲繞《いにょう》するさまざまな俗権との関係において、つねに有効であったとは限らないし、積極的に主張されたとも限らない。俗権に連なる縁は、そこから期待される保護ゆえに希求される場合も、それに捕捉される不自由さのゆえに厭《いと》われることも、いずれもありえたであろう。

　ところで、網野の議論はしばしば、俗権への抵抗が「公的な支配」の希求へ結びつくかのような印象をともなっている。そのことは、網野において、俗権の作用は私的なものとして、それに対する規律は公的な支配の作用として、想定されていることに対応しよう。網野のいう無縁と公的な支配とはいずれも、人々をその縁のなかに捕捉しようとする私的な俗権との対抗関係において理解される。縁・無縁という問題が中世の人々の意識に広くのぼったことは、人々と私的な俗権との対抗的な局面が広汎に展開しながら、私的な俗権を規律し人々に一般的な保護をあたえる公的な仕組みは十分に作動していない、という状況に対応するのではないか。たとえば近代国家法体制における、稠密な国家主権のもとでの私的関係の包括的規律・保護という構造と、これは対極的な位置にある。

　つまるところ無縁とは、人々に対し稠密におよぶ作用をもつ国家の不在に対応したネガ像であった、ともいえようか。それが、網野が想定した「公的な支配」の希求とあいまって、どのような内実をもつ国家の形成へと帰結したのかは、また別の問題であるが。

継承された資源を元手にして自己像を形成したのであろう。古代の否定としての中世が明確な形で存在しないならば、「日本に中世はない」とした石田一良の指摘は、正鵠を射ていたというべきかもしれない。日本では中世は、古代からの連続、古代の展開型として、存立したのである。

一方、中世から近世へと向かうプロセスには、大きな切れ目が存在した、という見解がしばしば提示される。十五世紀後半の「応仁《おうにん》の乱《らん》」▲によって旧来の日本の秩序は崩壊したとし、十六世紀のいわゆる戦国時代にかけての時期に日本の歴史に大きな切れ目を見いだす解釈としては、古くは「応仁の乱以前は外国の歴史も同然」とした内藤湖南の説が知られるところであり、さらに古くは新《あら》井白石《いはくせき》が「王朝《おうちょう》」から「武朝《ぶちょう》」への交替として表現した歴史の構図も、ある意味でこうした見方と順接しうる。また、尾藤正英が、ヨーロッパからの借り物である三区分法よりも、「古代・中世」と「近世・近代」という二区分法のほうが日本史の構造に合致する、と述べたのも、ここに大きな切れ目を見たからにほかならない（尾藤、一九九二）。

では、ここに、古代からの連続性の最終的な終焉を見いだすことができるだ

▼**応仁の乱**　十五世紀後半、室町幕府将軍家の相続争いに有力守護家間の対立が絡み合って勃発した内乱。初発の戦闘を「応仁の乱」と呼ぶが、その後も断続的に引き続いた争闘とあわせて「応仁・文《ぶん》明《めい》の乱」ともいう。京中が戦場となったこの乱の結果、京都を中心とした政治構造の求心性は著しく弱体化した。

ろうか。この切れ目を強調する見解を突き詰めれば、切れ目以降に存立した構造を、それ以前の構造から断絶し継承関係をもたない独自の構造とする見方に結びつく。戦国大名領国《せんごくだいみょうりょうごく》を「独立国家」と評価し、近世国家の成立過程を独立国家群の実力闘争を勝ちぬいた「天下人《てんかびと》」たちによる覇権の確立として論ずることは、そうした見方の端的な表現であり、それはたしかにことの一面をとらえているのだろうが、しかし戦国大名領国とても、なにもない空白の状態に一から形成されたのではなく、室町《むろまち》時代の政治構造の遺産が、いかほどか作用していたにはちがいない。織田信長《おだのぶなが》が上洛《じょうらく》を志したことにあらわれているように、当時、京都という地は特異な地政学的位置を占めており、また（適切に評価することのむずかしい問題だが）天皇や将軍の有する「権威」なるものの作用にも、依然として無視しえないものがある。そうした、「戦国大名領国」の存立に対してその外側から作用する条件を重視する視点から、「戦国大名」についても、室町幕府体制下の守護《しゅご》▲からの役割モデルの継承関係を重視して「戦国期守護▲」と呼ぶ研究者もいる。一定の領域内の人《ひと》々を均しくとらえる統治権的な作用は、どうやら既存の仕掛けに依存しており、それぞれの領国は、それを領域的に分割し、

▼**守護と戦国期守護**　戦国大名がその領国でふるう権能には、室町幕府体制下で重科検断《じゅうかけんだん》や使節《しせつ》遵行《じゅんぎょう》・段銭《たんせん》徴収・闕所地《けっしょち》処分などを担った守護の職権をモデルとした部分がある、という観点から、戦国大名を守護の延長線上に位置づける見解がある。「国分」に際して、しばしば国境・郡境が参照されたことも、そうしたモデルと関連するかもしれない。

ときに天皇や将軍を介在させつつ承認しあう(これを「国分《くにわけ》」と呼ぶことがある)ことによって成ったものなのではないか、というわけである。

そうした見方をとるならば、それぞれの領国が幕府による一元的な統制に実際に服していたか否かは、副次的な問題である。重要なのは統治権の作用の質であり、それを支える基盤構造である。領国が展開された舞台としての日本が、政治的・文化的資源が共有され、いわば社会的言語として一定の意味と作用をもちうる、一つの政治的空間として成型されていたとするならば、古代からの連続性の上に立った政治的・文化的資源の継承は、近世国家の成立へ向けた過程においても、きわめて重要な条件として作用したにちがいない。朝廷と室町幕府を求心点とした統治機構は、「応仁の乱」においていったん分解▲するわけだが、しかしそのことは統治権の土台となる社会構造の崩壊を意味せず、いったん成立した社会的言語の基本的な構造は継承されつつ、具体的な統治機構の組替えが進行した、と理解されることになろう。織田信長・豊臣秀吉《とよとみひでよし》さらに徳川《とくがわ》家康《いえやす》といった「天下人」たちも、そうした社会的言語の構造と無関係に「まる裸の軍事力」によって統治権を掌握できたわけではない。

▼**朝廷の分解**　「応仁の乱」ののち、公家衆の多くが経済的理由などから京都を離れ、地方の大名のもとに寄寓するなどしたため、朝廷の公事《くじ》の多くが停滞し、その機能は実質的に停止する。一世紀余を経て、織豊《しょくほう》政権によって旧儀の再興がはかられることになるわけだが、見方によっては、この間に短い「中世」を見いだすことも可能かもしれない。

▼「朝倉孝景条々」 越前《えちぜん》の戦国大名朝倉孝景が子の氏景《うじかげ》にあてた遺訓《いくん》。

▼領中と家中　近世大名の支配は、主従関係によって構築された「家中」に対する支配と、幕府（大公儀《だいこうぎ》）からの預かり物としての「領中」に対する支配との重合として観念された。

ところで、「朝倉孝景条々《あさくらたかかげじょうじょう》」▲や後北条《ごほうじょう》氏の関連史料などにおいて、戦国大名によって「国家」という語が用いられた例をままみる。この語を近代国家からの類推で解釈することが不適切なのはいうまでもないが、律令的な「国家」概念からの継承関係の有無もまた明らかではない。この時期の「国家」の語については、普通、「国」と「家」との重合と説明されるが、その場合の「国」は、国郡《こくぐん》制の「国」に由来し、室町時代に守護をさして用いた「国方」などの用法から連続したもので、大名が守護から継承した統治の客体としての「国」をさすものとされ、「家」は「国」の統治を担うべき大名の「家中《かちゅう》」を意味するものとされる。すなわち統治の客体としての「国」と主体としての「家」との重合をさして「国家」の語が用いられたのであり、この点は近世における「領中」と「家中」▲の重合へと連続してゆく。このことは、「国」に対する統治ないし支配の、領域的に構成された作用構造の実体化を示すものであろう。

そうした点をとらえて、石井進・勝俣鎮夫らは、近世国家における集約的な統治構造の成立に、律令国家のプログラムの、形を変えた実体化を見いだしたのであった（石井ほか、一九七二。勝俣、一九九〇）。とくに勝俣は、豊臣政権が企図した「検地《けんち》▲」「人掃《ひとばら》い▲」による国土・人民の調査把握の試みや、そうした政策が基本的に徳川政権に継承されたことの背景に、古典としての律令国家の理念がなにがしか意識されていたのではないか、と想定する。もちろんそれは律令国家の単純な再現ではなく、また原型を直接に参照したものでもない、のであろうが、領域内の国土と人々に対し稠密におよぶ統治・支配の作用を、「王土王民」思想や戸籍による個別人身支配などといったプログラムの実体化として評価することは、あながち不可能ではない。眼前にあるものを繰り返し参照し資源としてその都度利用することによって、振り返ったときに古代から連続した伝統をたどりうる、しかしその実質においては新しい、近世の「国家」体制が成立したのであった。

▼検地　田地の所在・面積・等級、および年貢諸役の負担責任を負う名請人《なうけにん》などを調査確定する手続。戦国大名によって先鞭がつけられ、豊臣秀吉が全国的に展開し(太閤検地《たいこうけんち》)、さらに近世国家に継承された。

▼人掃い　豊臣秀次《ひでつぐ》の命によって実施された家数・人数の一斉調査と、それに基づく原住地帰還奨励策。直接には、朝鮮派兵のための動員の前提となる人員把握を意図したものとされるが、背景として、検地とあわせ「王土王民」理念の実体化を想定する研究者もいる。

「国家」とは何か

「中世に『主権国家』は存在したか」という問いにであれば、「そんなものはなかった」と答えることはたやすい。「中世日本の主権者は誰であったか」という問いは、「主権などそもそもなかった」という理由で、無意味な問いとして退けてしまうことができる。この方向から問いを発しようとするならば、「主権国家はどのような条件のもとで存立するのか」あるいは「主権はどのようにして生成され布置されたか」という問いをいったん経由するしかない。それはつまり、日本がヨーロッパ的近代への道をどのようにあゆんだか、という問いである。

突き詰めていえばそれは、ヨーロッパ近代的な装置としての主権国家と対比させてみずからの成り立ちを意識の表層にのぼせたときに生じた。近世後期、ロシアとの国境の意識化とともに進行した、境界と他者に対する感覚の先鋭化についで、黒船《くろふね》によって扉が押し開かれ、ウェストファリア的な相互承認関係のなかに放り込まれたことによって、日本はその国制を十九世紀の国際標準に適合するように表現しなおすことを要求された。紆余曲折を経てやがて「大日本帝国憲法」として結実し、国制に新しい表現があたえられることになるのだが、それは本書の主題とすべき時代からははるかにくだった近代の話である。では本題の中世についてはどうか。

　こむずかしいことを延々と論じてきた挙句《あげく》にこんなことをいうのもなんだが、「中世に国家があったかなかったか」は、実はどうでもよい問題なのかもしれない。しばらく前のこと、「憲法改正」をめぐる議論のなかで、天皇を元首とみるか否かについて見解を求められたとある憲法学者の「天皇が元首であるかどうかは大した問題ではない」という発言が、新聞で小さく報道されていた。「なぜなら、仮に『元首』であるとして、そのことが天皇になんらか具体的な属性や権能を付与するものではないからだ」というのがその主旨であったように記憶している。「元首であること」は具体的な属性や権能のパッケージではなく、天皇を「元首」と呼ぶか否かよりも、その役割を具体的に措定することのほうが重要だ、というわけである。同様に、「国家」もまた、特定の属性のパッケージではない。ある構造を「国家」と呼ぶかどうかよりも、その構造が具体的にどのような特質をもっているかのほうが、少なくとも実践的には重要である。歴史の堆積のなかで漸変的に獲得され（あるいは喪《うしな》われ）てきた属性の配置には、偶然の要素が介在し、時間を超えて一貫した同一性をもつとも限らない。

イングランドの法と国家の歴史は、「継ぎ目のない織物」にたとえられることがままある。中世から近代へと至る断絶なき連続性を表現したものだが、このことは、現在のイギリス国家（の中心的な部分）へと連続する「イングランド」という政治的な構造物が、この間を通じて属性を同じくすることを意味するものではない。「イングランド国家」の同一性は、歴史を一貫した属性にではなく、織りの模様を少しずつ変えつつも「連続していること」にこそ求められる。そこには、事実として存立し、自己を参照して存続する、国家というシステムの特質があらわれている。

日本についても、丸山真男はつぎのように述べる。「日本思想史の場合は、古代からの持続的契機の理解なしには、近代も現代も把握できない」（丸山、一九七二）。ここでいう「持続的契機」もまた、必ずしも一貫した同質性を意味するわけではない。つぎつぎに成り立ち続けてきた「日本」の歴史のどこに「国家」と非「国家」との境界線を引くかは、歴史学者に問うよりはむしろ、現代の国家を論ずる政治学者に問うべき問題である。歴史学者にできることは、「非国家」から「国家」への遷移の瞬間を「ここ」と指し示すことではなく、現代の国家へと連続してゆくことになるモノが、その都度どのような環境条件のなかでどのような構造をもち、どのように変遷してきたのか、必ずしも必然性の連なりではないその過程を、叙述することであるだろう。

この点で、私としては、黒田俊雄の基本的立場に一定の共感を示しておきたい。しかし石井進によって提起された批判も、なお重要な意味をもつ。「日本」がつぎつぎに存立し続け、中心を占め続けてきた、ということが、その都度の国家のありように対して条件として作用し続けてきたわけだが、そのことは、現代の国家のありようから中世のそれへ直接に類推をおよぼすことを正当化するものではなく、逆に中世（あるいは古代ないし近世）から近現代へと直接に伝統を作用させることを正当化するものでもない。主権論のように国家存立の根本を問う議論が日本には生まれなかったことと、日本の国家の存立が間断なき連続性にその都度依存してきたということとのあいだには、おそらくは密接な関係がある。

さらに、現代のわれわれにとって国家がいかなる意味をもつのか、あるいは国家にとってわれわれがいかなる意味をもつのかを問い返すとき、われわれはただ国家と向かいあう位置に立つわけではない。国家はわれわれにとってしばしば重い桎梏《しっこく》であるが、われわれ自身がその桎梏を前提として共有することによる保護と利益を享受し、桎梏の存立に不断に参与していることを軽視してはならない。国家はわれわれにとって他者であるとともに、われわれ自身の姿を映しだしてもいる。国家を成り立たせているのは、われわれ自身が相互におよぼしあう影響と拘束の作用にほかならない。されば、国家についての問いの不在は、われわれ自身についての問いの不在を意味しよう。

「国家はフィクションである」という。物理的実体ではなく社会的構築物である以上、国家が「フィクションである」ということは、ほとんど自明のことであり、その存立に必然的な根拠はない。けれども、それは「いらないもの」か、と問われれば、われわれはそう簡単に「いらない」と答えることはできない、はずである。現代にあって、国家は制度としての社会的実在性を有している。「想像の共同体」であることを否定しえないとしても、われわれの日常の社会生活が、国家の存在を前提として組み立てられている以上、「想像の共同体」の循環的な存立から脱出することは、机上の議論としてはともかく、現実の実践的問題としてはきわめて困難である。であればむしろ、「想像」に依存し「想像上の」ものであることを承知のうえで、共有された規準系・参照枠あるいは拘束としての国家というメカニズムの作用を、われわれの認識構造に照らしてどのように把握し、いかにしてわれわれ自身の責任と制御のもとにおくかをこそ、考えるべきなのかもしれない。

「中世国家」をめぐる問いを副産物として生み出した近代の企図のゆくえは、いささか色褪《あ》せつつある「ポストモダン」のかけ声をよそに、いまだ判然とはしないのである。

●—写真所蔵・提供者一覧(敬称略, 五十音順)

OPO　カバー表
宮内庁三の丸尚蔵館　p.65
上智大学キリシタン文庫　カバー裏
称名寺(所蔵)・神奈川県立金沢文庫(保管)　p.64
天理大学附属天理図書館　p.63
独立行政法人国立公文書館　p.56, 73上
仁和寺　p.62左
(財)前田育徳会尊経閣文庫　扉, p.37上・下

芳賀幸四郎, 1945『東山文化の研究』河出書房
ブルース＝バートン, 2000『日本の「境界」』青木書店
原勝郎, 1904『日本中世史』冨山房（講談社学術文庫, 1978）
尾藤正英, 1992『江戸時代とは何か』岩波書店
兵藤裕己, 1995『太平記〈よみ〉の可能性』講談社選書メチエ
福田徳三（坂西由蔵訳）, 1907『日本経済史論』寳文館（独文原著, 1900）
藤木久志, 1985『豊臣平和令と戦国社会』東京大学出版会
二木謙一, 1985『中世武家儀礼の研究』吉川弘文館
古澤直人, 1991『鎌倉幕府と中世国家』校倉書房
保立道久, 1998「黒田学説の位相」『人民の歴史学』135（保立, 2004所収）
保立道久, 2004『歴史学をみつめ直す』校倉書房
カール＝ポパー（久野収・市井三郎訳）, 1961『歴史主義の貧困』中央公論社
クシシトフ＝ポミアン（松村剛訳）, 2002『増補 ヨーロッパとは何か』平凡社
堀米庸三, 1976『ヨーロッパ中世世界の構造』岩波書店
牧健二, 1935『日本封建制成立論』弘文堂書房
丸山真男, 1972「歴史意識の『古層』」『日本の思想６　歴史思想集』筑摩書房（丸山, 1996所収）
丸山真男, 1996『丸山真男集10』岩波書店
三浦周行, 1919「日本人に法治国民の素質ありや」同『法制史の研究』岩波書店
水林彪, 1978「近世の法と国制研究序説（１）」『国家学会雑誌』90−１・２
水林彪, 1983「近世的秩序と規範意識」『講座日本思想３　秩序』東京大学出版会
水林彪, 2002「原型（古層）論と古代政治思想論」大隅和雄・平石直昭編『丸山真男論』ぺりかん社
村井章介, 1997『国境を超えて』校倉書房
村井章介, 1999『中世日本の内と外』筑摩書房
村上淳一, 1997『〈法〉の歴史』東京大学出版会
マーガレット＝メール（近藤成一訳）, 2003「明治史学におけるドイツの影響」東京大学史料編纂所編『歴史学と史料研究』東京大学出版会
山下範久, 2003『世界システム論で読む日本』講談社選書メチエ
義江彰夫, 1996『神仏習合』岩波新書
若尾政希, 1999『太平記読みの時代』平凡社選書
脇田晴子, 2003『天皇と中世文化』吉川弘文館

勝俣鎮夫, 1990「人掃令について」『東京大学教養学部人文科学科紀要』92（勝俣, 1990所収）
勝俣鎮夫, 1996『戦国時代論』岩波書店
川岡勉, 2002『室町幕府と守護権力』吉川弘文館
黒田俊雄, 1963「中世の国家と天皇」『岩波講座　日本歴史６　中世２』岩波書店（黒田, 1994所収）
黒田俊雄, 1987「中世における地域と国家と国王」『歴史科学』109（黒田, 1994所収）
黒田俊雄, 1994『権門体制論』黒田俊雄著作集１, 法蔵館
黒田日出男, 2003『龍の棲む日本』岩波新書
小河原誠, 1997『ポパー　批判的合理主義』講談社
佐藤進一, 1960「室町幕府開創期の官制体系」石母田正・佐藤進一編『中世の法と国家』岩波書店（佐藤, 1990所収）
佐藤進一, 1963「室町幕府論」『岩波講座　日本歴史７　中世３』岩波書店（佐藤, 1990所収）
佐藤進一, 1976「武家政権について」『弘前大学国史研究』64・65（佐藤, 1990所収）
佐藤進一, 1983『日本の中世国家』岩波書店
佐藤進一, 1990『日本中世史論集』岩波書店
杉本史子, 1999『領域支配の展開と近世』山川出版社
高柳光寿, 1947-48「中世史への理解」『日本歴史』８～10
高柳光寿, 1949「国家成立過程における神社の意義」『日本歴史』18
瀧井一博, 1999『ドイツ国家学と明治国制』ミネルヴァ書房
田中健夫, 1975『中世対外関係史』東京大学出版会
ロナルド＝トビ（速水融・永積洋子・川勝平太訳）, 1990『近世日本の国家形成と外交』ミネルヴァ書房
中田薫, 1906ａ「コムメンダチオと名簿捧呈の式」『法学協会雑誌』24-２（中田, 1938所収）
中田薫, 1906ｂ「王朝時代の庄園に関する研究」『国家学会雑誌』20-３～12（中田, 1938所収）
中田薫, 1938『法制史論集　第２巻』岩波書店
長山靖生, 2001『偽史冒険世界』ちくま文庫
新田一郎, 1995『日本中世の社会と法』東京大学出版会
新田一郎, 2001『太平記の時代』日本の歴史11, 講談社

●──参考文献(主として，本文中で直接・間接に言及したものを掲げた)

朝尾直弘, 1994『将軍権力の創出』岩波書店
網野善彦, 1978『無縁・公界・楽』平凡社選書
荒野泰典, 1988『近世日本と東アジア』東京大学出版会
ベネディクト＝アンダーソン(白石隆・白石さや訳), 1987『想像の共同体』リブロポート
石井紫郎, 1971「法の歴史的認識について」『ジュリスト増刊　現代基礎法学の方法Ⅲ　理論法学の諸問題』有斐閣
石井進, 1964「中世国家論の諸問題」『日本史の研究』46(石井, 1970所収)
石井進, 1969「日本近代史学史における「中世」の発見」『歴史』8(石井, 1991所収)
石井進, 1970『日本中世国家史の研究』岩波書店
石井進ほか, 1972『シンポジウム日本歴史4　律令国家論』学生社
石井進, 1976「中世社会論」『岩波講座　日本歴史8　中世4』岩波書店(石井, 1991所収)
石井進ほか, 1982「座談会／中世的世界成立をめぐる諸問題」『中世史講座1　中世世界の成立』学生社
石井進, 1991『中世史を考える』校倉書房
石田一良, 1968『大世界史12　日本の開花』文芸春秋
石母田正, 1946『中世的世界の形成』伊藤書店(岩波文庫, 1985)
石母田正, 1972「武家法解説」『中世政治社会思想　上』岩波書店(石母田, 1989所収)
石母田正, 1973「歴史学と『日本人論』」岩波文化講演会(石母田, 1989所収)
石母田正, 1989『古代法と中世法』石母田正著作集8, 岩波書店
内田銀蔵, 1903『日本近世史』冨山房(内田, 1975所収)
内田銀蔵, 1921『国史総論及日本近世史』内田銀蔵遺稿全集3, 同文舘
内田銀蔵, 1975『近世の日本, 日本近世史』平凡社東洋文庫
榎本淳一, 1999「『小右記』に見える「渡海制」について」山中裕編『摂関時代と古記録』吉川弘文館
応地利明, 1996『絵地図の世界像』岩波書店
大隅和雄, 1993『中世　歴史と文学のあいだ』吉川弘文館
大町健, 1986『日本古代の国家と在地首長制』校倉書房
海津一朗, 1995『神風と悪党の世紀』講談社現代新書

日本史リブレット 19
中世《ちゅうせい》に国家《こっか》はあったか
2004年8月25日　1版1刷　発行
2020年7月30日　1版6刷　発行
著者：新田一郎《にったいちろう》
発行者：野澤伸平
発行所：株式会社 山川出版社
〒101－0047　東京都千代田区内神田1－13－13
電話 03(3293)8131(営業)
03(3293)8135(編集)
http://www.yamakawa.co.jp/
振替 00120-9-43993
印刷所：明和印刷株式会社
製本所：株式会社 ブロケード
装幀：菊地信義

Printed in Japan ISBN 978-4-634-54190-0

日本史リブレット　第Ⅰ期［68巻］・第Ⅱ期［33巻］　全101巻

1 旧石器時代の社会と文化
2 縄文の豊かさと限界
3 弥生の村
4 古墳とその時代
5 大王と地方豪族
6 藤原京の形成
7 古代都市平城京の世界
8 古代の地方官衙と社会
9 漢字文化の成り立ちと展開
10 平安京の暮らしと行政
11 蝦夷の地と古代国家
12 受領と地方社会
13 出雲国風土記と古代遺跡
14 東アジア世界と古代の日本
15 地下から出土した文字
16 古代・中世の女性と仏教
17 古代寺院の成立と展開
18 都市平泉の遺産
19 中世に国家はあったか
20 中世の家と性
21 武家の古都、鎌倉
22 中世の天皇観
23 環境歴史学とはなにか
24 武士と荘園支配
25 中世のみちと都市
26 戦国時代、村と町のかたち
27 破産者たちの中世
28 境界をまたぐ人びと
29 石造物が語る中世職能集団
30 中世の日記の世界
31 板碑と石塔の祈り
32 中世の神と仏
33 中世社会と現代
34 秀吉の朝鮮侵略
35 町屋と町並み
36 江戸幕府と朝廷
37 キリシタン禁制と民衆の宗教
38 慶安の触書は出されたか
39 近世村人のライフサイクル
40 都市大坂と非人
41 対馬からみた日朝関係
42 琉球の王権とグスク
43 琉球と日本・中国
44 描かれた近世都市
45 武家奉公人と労働社会
46 天文方と陰陽道
47 海の道、川の道
48 近世の三大改革
49 八州廻りと博徒
50 アイヌ民族の軌跡
51 錦絵を読む
52 草山の語る近世
53 21世紀の「江戸」
54 近代歌謡の軌跡
55 日本近代漫画の誕生
56 海を渡った日本人
57 近代日本とアイヌ社会
58 スポーツと政治
59 近代化の旗手、鉄道
60 情報化と国家・企業
61 民衆宗教と国家神道
62 日本社会保険の成立
63 歴史としての環境問題
64 近代日本の海外学術調査
65 戦争と知識人
66 現代日本と沖縄
67 新安保体制下の日米関係
68 戦後補償から考える日本とアジア
69 遺跡からみた古代の駅家
70 古代の日本と加耶
71 飛鳥の宮と寺
72 古代東国の石碑
73 律令制とはなにか
74 正倉院宝物の世界
75 日宋貿易と「硫黄の道」
76 荘園絵図が語る古代・中世
77 対馬と海峡の中世史
78 中世の書物と学問
79 史料としての猫絵
80 寺社と芸能の中世
81 一揆の世界と法
82 戦国時代の天皇
83 日本史のなかの戦国時代
84 兵と農の分離
85 江戸時代のお触れ
86 江戸時代の神社
87 大名屋敷と江戸遺跡
88 近世商人と市場
89 近世鉱山をささえた人びと
90 「資源繁殖の時代」と日本の漁業
91 江戸の浄瑠璃文化
92 江戸時代の老いと看取り
93 近世の淀川治水
94 日本民俗学の開拓者たち
95 軍用地と都市・民衆
96 感染症の近代史
97 陵墓と文化財の近代
98 徳富蘇峰と大日本言論報国会
99 労働力動員と強制連行
100 科学技術政策
101 占領・復興期の日米関係